令和4年10月

「10訂　民事判決起案の手引」別冊

事実摘示記載例集－民法（債権関係）改正に伴う補訂版－　正誤表

頁	訂正箇所	誤	正
27頁	2　未成年者（民5Ⅰ, Ⅱ）	令和3年1月23日	令和4年1月23日
41頁	3　時効の更新（新民152）	原告は, 被告に対し,	被告は, 原告に対し,

10訂 民事判決起案の手引
（補訂版）

ま　え　が　き

　この資料は，司法研修所から刊行されたものです。

　実務に携わる各位の好個の参考資料と思われるので，当局の
お許しを得て「事実摘示記載例集」及び「事実摘示記載例集
—民法（債権関係）改正に伴う補訂版—」と合冊のうえ頒布す
ることといたしました。

　令和元年12月

　　　　　　　　　　　一般財団法人　法　　曹　　会

は　し　が　き

　初めて民事判決の起案を試みる司法修習生諸君のために，わかり易い「起案の手びき」を編さんすることは，われわれのかねてからの願いであった。その一つとして「民事判決書について」（司法研修所資料第15号）が従来から配布されており，これは，民事判決ならびに判決書の基本的構造，法規上の根拠等を明かにする上で，有用な参考書であると信ずるが，これとならんで，判決書の記載の形式，表現方法などに至るまでを，できる限り平易かつ具体的に説明した基礎的な教材のあることは，もとより望ましいことであった。このような教材の編さんが，少からず困難な事業であることはいうまでもないとはいえ，十分満足すべき教材の完成を待っていたのでは徒らに時日を経てしまうおそれがあるので，このたび，第12期修習生の前期研修が始められるのを機として，とりあえず，従来判決起案講評の都度，修習生諸君に説明し，もしくは注意して来た事柄を整理編さんし，「民事判決起案の手びき」と題して配布することとした。

　すなわち，この「手びき」は，もっぱら修習生諸君の筆写の労を省くためとりあえず印刷に付したもので，全く未完成のものであることをお断りしておきたい。たとえば，判決起案上注意すべきことで，なおこのなかで触れられていない事柄も少くないであろうし，理論的にも，体系的にも十分の検討を経ていない部分も少くない。将来，これを基礎とし，今後の起案講評の経験を盛りこみつつ改訂して行くことによって，より完全な教材に作りあげて行きたいと考えている。その意味で，修習生諸君も，判決の起案に際してはこの「手びき」に徒らにとらわれることなく，これを一つの手がかりとし参考として，自ら思索し，研究してゆかれることを希望する。

　　昭和33年4月

　　　　　　　　　　　　　　　司法研修所民事教官室

その後の改訂

改　訂	昭　和 34 年 4 月
再　訂	昭　和 35 年 4 月
3　訂	昭　和 37 年 4 月
4　訂	昭　和 42 年 2 月
5　訂	昭　和 46 年 3 月
6　訂	昭　和 53 年 4 月
7　訂	昭　和 63 年 4 月
8　訂	平　成 10 年 11 月
9　訂	平　成 13 年 3 月
10　訂	平　成 18 年 8 月

8訂に当たって

　民事判決起案の手引が初めて刊行されたのは昭和33年である。その後，当教官室は数次の改訂を行い，実務の動向に対応しつつ，体系的な整備や理論的な解明による内容の充実を図ってきた。今回の改訂は，新しい民事訴訟法が平成10年1月から施行されたのを機に行ったものであるが，改訂の意図するところは，基本的に従前と同様である。前回の改訂（昭和63年）後，実務の分野では新様式判決が普及し，立法の分野では新しい民事訴訟法により判決書の記載事項が改正されたが，今回の改訂に当たっても，初めて民事判決の起案を試みる司法修習生のために，分かりやすい「起案の手引」を編さんするという当初の方針を踏襲した。こうした方針に従った教材は，初めて民事判決の起案を試みる司法修習生の基礎教育に必要不可欠といえよう。その上で，新様式判決の普及という実務の動きに照らして，巻末の判決記載例に新様式による判決を新しく加えたのを初め，関連の事項につき記述を改めた。

　また，従前の事実摘示記載例については，典型的な請求原因以下の例を大幅に増やすとともに，その内容についても最近の判例，学説を参考に一部改めた上，これを別冊として利用の便宜を図った。

　司法修習生が，本書を一つの手掛かりとして，自ら思索し，研さんに努めることを希望する。

　なお，改訂に当たって，実務修習の指導裁判官から多くの示唆を受けた。

　　平成10年11月

　　　　　　　　　　司法研修所民事裁判教官室

9訂に当たって

　今回の改訂は，平成13年1月から裁判文書のＡ4判横書き化が実施されたのに伴い，全文を横書きに改め，所要の変更を加えたものである。

　　　平成13年3月

　　　　　　　　　　　　　　　　　司法研修所民事裁判教官室

10訂に当たって

　今回の改訂は，前回改訂以降にされた民法，不動産登記法等の改正及び会社法等新法の施行を反映するとともに，所要の変更を加えたものである。

　　　平成18年8月

　　　　　　　　　　　　　　　　　司法研修所民事裁判教官室

凡　例

条文・法令

　　条文の表記は，法令名及び数字をもって示した。括弧内においては，「55Ⅱ⑤」は，55条2項5号を示し，法令名は次のとおり略記した。

　　　　法…………民事訴訟法（平成8年法律第109号）
　　　　規…………民事訴訟規則（平成8年最高裁判所規則第5号）
　　　　人訴………人事訴訟法
　　　　民執………民事執行法
　　　　刑訴………刑事訴訟法
　　　　民…………民法
　　　　不登………不動産登記法（平成16年法律第123号）
　　　　借地借家……借地借家法
　　　　商…………商法
　　　　会…………会社法
　　　　手…………手形法

判　例

　　出典の表示は，一般の慣用に従った。最高裁判所判決の出典の後に付した〔　〕内の数字は，法曹会発行最高裁判所判例解説民事篇中の解説番号を示す。

目　　次

第1章　判決書作成の目的

　判決書の起案に当たっては，常に判決書作成の目的を念頭に置かなければならない。その目的としては，通常次の諸点が考えられる。

① 　訴訟当事者に対して，判決の内容を知らせるとともに，これに対し上訴するかどうかを考慮する機会を与えること。

② 　上級審に対して，その再審査のため，いかなる事実に基づき，いかなる理由の下に，判決をしたのかを明らかにすること。

③ 　一般国民に対して，具体的な事件を通じ法の内容を明らかにするとともに，裁判所の判断及び判断の過程を示すことによって裁判の公正を保障すること。

④ 　判決をする裁判官自身に対しては，自己の考え，判断を客観視することを可能にすること。すなわち，裁判官は，判決書を作成することによって，まず，当事者の事実主張に欠けた点はないか，矛盾はないか，どこが争点であるか，争点についての証拠は十分であるか，法律の解釈適用に誤りはないかなどを再検討する機会を持つことができ，その結果，判断の的確さを保つことができる。また，この作業は，自己の行った審理の跡を振り返ることとなり，それが完ぺきであったかどうかを反省する契機ともなる。

　これらの目的のうち①が最優先されるべきものであることには異論がないであろう。当事者のための判決書であることを第一義とすれば，分かりやすい判決であることが必要である。さらに，判決書において最も重要なものは，誤りのない判断である。判決書の体裁がいかに整っていたとしても，主要な争点についての判断に見落としがあったり，結論に誤りがあったりしては意味がない。判決書は，その実質を充実させることが必要であり，形式を整えるだけの記載を省略することにも合理的な理由がある。

このような考え方に立って，いわゆる新様式の判決書の採用が提言され，現在の民事裁判実務においては，判決書の作成につき新様式によるものが多くなっている（後記89頁参照）。

　もっとも，新様式判決書を採用することは，主張立証責任の分配についての検討をなおざりにすることを意味しない。むしろ，新様式判決書の作成には，在来型の判決書を作成する場合以上に，判決書作成前の審理の段階で，周到な要件事実的思考が重要となる。主張立証責任の振り分けをはじめとする要件事実の検討ができて，初めて的確な争点整理に基づいた判決書が作成できるといっても過言でない。つまり，新様式判決書の作成は，その基礎作業として要件事実に基づいた主張整理・争点整理を当然の前提にしているということができる。

　したがって，司法修習生は，判決書の作成の基礎となる主張立証責任等の民事訴訟の基礎的構造を理解する必要がある。本手引は，司法修習生に判決書作成の基本を理解させるための初歩的な教材であるので，在来様式による判決書を起案する際のあらましを解説しておくことが必要である。

　以下には，在来様式の判決書の様式を中心として，その記載事項について，あらましの説明を加える。

第2章　在来様式による判決書

第1　事件の表示

1　表示の方法

　判決書には，どの事件についての判決であるかを明らかにするため，表題の前に，「平成18年㋬第1号貸金請求事件」というように，事件番号及び事件名を記載する。

2　事件番号

　事件番号は，記録の表紙に記載されている。民事事件記録符号規程（昭22最高裁規程8号）により，各種裁判所ごとに事件の種類別に符号が定められている（例えば，地方裁判所の第一審通常訴訟事件は㋬である。）。この符号に，毎年1月から始めて12月まで訴えの提起順に，事件の種類別に一連番号を付けて事件番号とする。

3　事件名

　事件名は，記録の表紙に「事件の標目」として記載されている。
　判決書に事件名を記載するときは，単に「約束手形金事件」，「建物明渡事件」，「賃借権確認事件」などとせず，「約束手形金請求事件」，「建物明渡請求事件」，「賃借権確認請求事件」などとするのが通例である。しかし，請求異議，第三者異議などの事件については，「請求異議事件」，「第三者異議事件」などと表示している。

反訴の提起された事件については，例えば，「本訴平成18年㈠第5号建物明渡請求事件，反訴同年㈠第200号建物所有権移転登記手続請求事件」というように表示するのがよい。実務では，反訴については，事件名を表示せず，単に事件番号のみを表示する取扱いもある。

なお，裁判所が事件名を付ける場合には，原告が訴状に記載した事件名を踏襲するのが例であるが，それが余りに長いときは，「○○等請求事件」というように簡略化することもある。訴状については，事件名は必要的記載事項ではないが，請求の趣旨，原因と相まって請求を特定するのに役立ち得るし，また事件を表示（規2Ⅰ②）するのに便利であるところから，実務ではその記載がされている。

このようにして，いったん事件名が定まると，その後，訴えの変更などのため，事件の内容が変わり，事件名がこれにそぐわないようになっても，これに応じて事件名を変えるようなことは原則としてしない。

第2　口頭弁論の終結の日（法253Ⅰ④）

判決確定により生ずべき既判力の基準時（標準時）を明確にするために記載する。

なお，判決言渡しの日は裁判所書記官が記入することになっている（規158）ので，通常これを記載しない。また，判決書作成の日も通常記載しない。

第3　表　題

「判決」（法243），「中間判決」（法245），「追加判決」（法258），「手

形判決」（規216），「少額訴訟判決」（規229Ⅰ）などと判決の種類に
応じて表示する。これは，一見して内容を明らかにするためであり，
手形判決，小切手判決，少額訴訟判決については明文で定められて
いる。

注 同様に，決定，命令には，「決定」，「命令」，「更正決定」（法257），「補
正命令」（法137）などと表示する。

第4　当事者，代理人等の表示（法253Ⅰ⑤）

1　当事者

　　当事者は，「原告A」とか「被控訴人B」というように，その審
級での当事者の地位をその氏名に冠して表示し（原告を先に，被
告を後に，控訴審においては，一審において原，被告のいずれで
あったかにかかわりなく，控訴人を先に，被控訴人を後に），か
つ，その肩書に住所を付記する。すなわち，通常，住所と氏名と
で当事者を特定するのである。その氏名が，通称などで，戸籍上
記載されている正確なものと違うとき，例えば，通称がAで戸籍
上の氏名がBであるときは，「AことB」と記載する。法人その
他の団体については，その名称（商号など）及び事務所の所在地
を記載する。会社の場合，事務所の所在地として，商業登記簿上
の本店所在地を記載するのが通例である。
　　訴訟の承継があった場合（例えば，訴訟の係属中に当事者が死
亡し，その相続人が新たに当事者となったとき）には，当事者の
氏名の肩書として，「亡A訴訟承継人」というように付記するの
が通例である。このような記載は，理論上必要とされるわけでは
ないが，従前の記録中に現れている当事者の氏名との連続性を一
見して明らかにするため行われているものである。

訴状に記載された当事者（特に被告）の住所と，訴状，呼出状などの送達報告書に記載された住所又は当事者尋問の際述べられた住所とが違っていることもある。その場合はこの点を確かめるべきことはもちろんであるが，もしどちらが事実であるかはっきりしなければ，原則として後者に従って記載した方が正確であろう。要するに，審理の過程において，最新のそして正確な住所を把握するよう常に心掛けるべきである。

　住所のないとき又は分からないときは，居所を記載し，居所もないとき又は分からないときは，「住居所不明」と記載し，さらにこれと並べて「最後の住所　○市○町○番○号」と記載する（法4Ⅱ参照）。

　人事訴訟の判決では，住所のほか本籍をも記載するが，それは，判決に従って戸籍の記載の変更をする際の便宜のためである。また，登記（登録）に関する判決において，登記（登録）された住所が現住所と違っているときは，その登記（登録）された住所を併記するのが実務の例である。さらに，例えば，当事者である会社の商号変更があったのに，不動産登記記録における商号が旧商号のままになっているような場合には，判決書における当事者会社が不動産登記記録に記録されている会社と同一であることを示すため，当事者の表示中に，新商号を記載するほか，括弧に入れて旧商号を表示することもある。

注① 　破産管財人が当事者となっている場合には，当事者の表示として，破産管財人の住所（事務所所在地）を記載した上，「破産者 A 破産管財人 B」と記載する。この場合，破産管財人は，当事者であって代理人や代表者ではないことに注意する。

　② 　住所を記載するときは，都道府県名から表示するのが原則であるが，実務上，東京都を除き，政令指定都市，地方裁判所本庁所在地の市については道府県名を省略する例が多い。

2　法定代理人及び法人の代表者

　法定代理人については，その旨及びその代理資格を記載する。例えば，「同法定代理人後見人A」と記載する。法人の代表者については，その旨及びその代表資格を記載する。例えば，「同代表者理事A」，「同代表者代表取締役B」と記載する。民訴法253条1項5号は，必要的記載事項として法定代理人を挙げているが，この規定は，法人の代表者に準用される（法37）。したがって，法人の代表者の場合は，これに該当する者であることを示すため，「代表者」という記載が必要である。

　株式会社の代表者は代表取締役である（会47Ⅰ，349Ⅰ，Ⅲ，Ⅳ，362Ⅲ）から，「同代表者代表取締役」と記載する。特例有限会社も会社法上の株式会社であり，登記上，単に「取締役」とされている場合も，代表者は代表取締役であるが，実務では登記に従って「同代表者取締役」と記載する例もある。

　ただし，委員会設置会社（会2⑫）については，代表取締役は置かれておらず，代表執行役が会社を代表する（会420Ⅰ，Ⅲ，349Ⅳ）から，「同代表者代表執行役」と記載する。

　なお，会社を代表する者が複数ある場合でも，各自代表権があり，任意の1名が代表すれば足りるから，判決書においても代表者全員を記載しなければならないわけではなく，現実に訴訟追行に当たった者（現実に弁論をしたり，あるいは訴訟代理人に委任をした者など）のみを記載すればよい。

　法定代理人又は法人の代表者を判決に表示する趣旨は，その訴訟が，表示された法定代理人又は代表者によって有効に追行されたことを表す意味であるが，さらに判決を送達する場合の名宛人を明らかにする趣旨もある（法102Ⅰ）。

　代表者については，その住所を特に記載しないが，これは本人

である法人の事務所等において送達するのが通例だからである（法103Ⅰ）。法人が倒産したりして法人の事務所の実質を備えた場所が存在しないため，代表者の住所に送達をするようなときには，法人についての送達場所として，その住所を「送達場所　○市○町○番○号」というように表示して，これを法人の事務所の所在地の表示に並べて記載する例もある。

3　訴訟代理人

訴訟代理人は，法律上は必要的記載事項とされていないが，訴訟の追行者を明らかにすることと送達の便宜のため，これを表示している。訴訟代理人が弁護士であるときは，弁護士は，民訴法上特別の地位を与えられているから，それを示すために「同訴訟代理人弁護士Ａ」と記載する。なお，支配人等の法令による訴訟代理人についても，その資格を記載するのが通例である。

複数の当事者がある場合で，その訴訟代理人が共通であるときは，「上記三名訴訟代理人弁護士Ｂ」というように記載する。

また，訴訟代理人が復代理人を選任している場合（法55Ⅱ⑤）は，訴訟代理人の表示の後に，「同訴訟復代理人弁護士Ｃ」と記載する。

訴訟代理人の交代があったときは，最終の口頭弁論期日を基準とし，その期日に代理人であった者のみを表示するのが例である。訴訟代理人が多数の場合に，訴訟活動を全くしなかった者の記載を省略する例もある。

なお，訴訟代理人の住所は記載しないのが例である。

4 送達場所

　当事者，法定代理人又は訴訟代理人は，送達を受けるべき場所（送達場所）を受訴裁判所に届け出なければならないこととされている（法104，規41，42）。

　訴訟代理人の住所を送達場所として届け出ている場合にも，その住所は特に記載しない。もっとも，例えば，本人訴訟において，東京に居住する原告が，送達場所として山梨県の実家の住所を届け出たような場合には，その住所を「送達場所　山梨県○市○町○番○号」というように表示して，これを原告の住所に並べて記載すると分かりやすい。

第5　主文（法253 I ①）

1 主文の意義

　主文の欄には，訴訟物についての裁判及び訴訟費用についての裁判を記載し，必要に応じて仮執行又は仮執行免脱の宣言を記載する（仮執行宣言が必要的であることもある。後記28頁参照）。このほか，離婚請求を認容する判決の場合における親権者指定の裁判（民819 II）のように，職権で付随的裁判をしなければならないときには，その裁判も記載することに留意する必要がある。

　訴訟物についての主文は，訴えに対する応答として，訴訟物についての裁判所の判断の結論を示すものである。判決でされた判断の結論そのものを，外形上他の部分の記載から分離して，簡潔に，しかも完全に記載し，それにより判決の効力，範囲が一見して明らかになるようにすべきである。

2 訴え却下の主文

訴訟要件の欠缺により原告敗訴の判決をする場合は，「本件訴えを却下する。」とする。

3 請求棄却の主文

原告の請求が理由のない場合は，「原告の請求を棄却する。」とする。

複数の請求を併合している場合，例えば，数個の債務の履行請求を単純に併合している場合，あるいは同一額の金員の請求を不当利得による返還請求権と不法行為による損害賠償請求権に基づいてする場合のように予備的ないし選択的に併合して行う場合，原告敗訴の主文は，「原告の請求をいずれも棄却する。」とするのが正確である。もっとも，主たる請求と附帯請求をいずれも棄却する場合は，単に「原告の請求を棄却する。」と判示するのが例である。

請求の一部のみが理由がある場合は，理由がないとして棄却される部分につき「原告のその余の請求を棄却する。」と明示することを忘れてはならない。

請求の予備的併合において，主位的請求を全部認容するときは，予備的請求を棄却するとの記載は不要であり，逆に，予備的請求を認容するときは，主位的請求を棄却するとの記載を忘れてはならない。また，選択的併合の場合に，複数の請求のうち一つの請求を認容するときは，他の請求を棄却すると記載してはならない。

被告が二人で，両被告に対する請求を棄却する場合は，「原告の請求をいずれも棄却する。」とする。一方（Y₁）に対する請求の一部を認容してその余を棄却し，他方（Y₂）に対する請求はその

全部を棄却するような場合は，単に，「原告のその余の請求を棄却する。」ではなくて，「被告 Y_1 に対するその余の請求及び被告 Y_2 に対する請求を棄却する。」とする方が分かりやすい。

4 請求認容の主文

(1) 給付判決の主文

　　請求が理由のある場合は，請求の趣旨に相応した主文を記載するわけであるが，その内容が一見して明確であるように簡潔に表示すべきである。給付判決の主文においては，給付の法的な性格又は理由づけを含まない抽象的な表現を用いる。例えば，「貸金〇〇円を支払え。」とか，「原告所有の〇〇の建物を引き渡せ。」とか，「年6分の割合による損害金を支払え。」というようには書かず，単に「〇〇円を支払え。」とか，「〇〇の建物を引き渡せ。」とか，「年6分の割合による金員を支払え。」というように記載する。

　ア　金員の支払を命ずる主文

　　例　「被告は，原告に対し，〇〇円及びこれに対する平成〇年〇月〇日から支払済みまで年5分の割合による金員を支払え。」

　　訴状の請求の趣旨に「訴状送達の日の翌日から」と記載してある場合でも，判決主文において，そのまま「訴状送達の日の翌日から……」と記載すべきでない。その表現では，判決書だけでは，弁済又は執行すべき金銭の額を決定し得ないからである。判決をするときには，訴状送達の日の翌日が何日であるかは判明しているのであるから，「平成〇年〇月〇日から……」というように具体的な日を記載すべきである。「支払済みまで」という点についても，債務の内容を確定してい

ないのではないかとの疑問が生ずるが，これについては，判決当時でもその具体的な日は分からないことであるし，また，弁済に際して，又は執行手続自体において，この日は明らかになり得るわけであるから，このような表現で差し支えないと解されている。

なお，民訴法135条の要件を具備する弁済期未到来の金員支払請求を認容する場合には，「被告は，原告に対し，平成○年○月○日が到来したときは○○円を支払え。」というように記載する。年月日は，弁済期を書く。

主文において認容すべき金額に計算上円未満の端数が出た場合，実務では，円未満は切り捨てて記載する例が多い。

被告が複数のときは，各被告の義務の範囲があいまいにならないよう注意して記載する。例えば，「被告両名は，原告に対し，100万円を支払え。」とだけあれば，各被告に50万円ずつの支払を命じたものと解される（最判昭32.6.7民集11.6.948〔51〕参照）から，数名に対してそれぞれ全額の金員の支払を命ずる場合には「各自」とか「それぞれ」のように表示する必要がある。原告が複数のときも同様である。

数名の被告が原告に対し連帯債務を負うものと認定された場合，主文に「被告らは，原告に対し，各自○○円を支払え。」という書き方と，「被告らは，原告に対し，連帯して○○円を支払え。」という書き方とがある。前者は，そのような共同訴訟は，本来被告各自に対する請求を併合したもので，判決の主文も被告ごとに独立したものであり，他の被告との連帯関係は，理論上主文に表示する必要がないという見解によるものである。これに対し，後者は，判決を受けた当事者の誤解を避けるとともに，判決を執行し，弁済を受ける場合，判決の理由ばかりでなく，主文からも，連帯関係が明らかに

なっていた方がよいという実際的な考慮によるものである。両者のいずれでも差し支えないが，当事者のための判決書であることを重視して，後者を相当とするのが最近の実務の考え方である。

　また，不真正連帯債務の関係にある場合も，これが広義の連帯債務関係の一種であるとして，当事者にとって理解しやすい用語である「連帯して」という言葉を用いる実務例もある。

　複数の被告に対して金員の支払を命ずる場合において，債務の一部が連帯関係にあるときは，主文中に括弧書きの形で連帯関係にある部分を明確にするなどして，原告が支払を受けるべき合計額が分かるようにする方法も考えられよう。

例　「1　Y_1は，Xに対し，200万円（ただし100万円の限度で　　　Y_2と連帯して）を支払え。

　　　2　Y_2は，Xに対し，Y_1と連帯して100万円を支払え。」

　数名の被告が，振出人，裏書人等として手形法上のいわゆる合同債務（手47）を負う場合も，「各自〇〇円を支払え。」というように主文を記載することもあるし，手形法の規定に則して，「合同して〇〇円を支払え。」という表現を用いる例もあるが，当事者の誤解を避ける観点から，後者が相当であろう。

イ　引換給付の主文

　　原告が単純な給付を求めている場合に，被告が同時履行又は留置権の抗弁を提出し，それが認められるときは，原告の請求を全部棄却すべきではなく，引換給付の判決をすべきである。

例　「被告は，原告から〇〇円の支払を受けるのと引換え　　　に，原告に対し，別紙物件目録記載の建物を引き渡

— 13 —

せ。」

　そして，この場合，原告の単純給付の請求がそのまま認容されたのではないとの理由から，「原告のその余の請求を棄却する。」と一部棄却であることを主文に表しておく必要がある。

ウ　登記に関する主文
　㋐　移転登記の主文は，例えば，「被告は，原告に対し，別紙物件目録記載の土地について平成〇年〇月〇日の売買を原因とする所有権移転登記手続をせよ。」というように書く。この場合，「……の登記をせよ。」と書いても，意味は通じるが，正確にいえば登記をするのは登記官であって，被告ではなく，被告は登記申請手続をする義務，すなわち登記申請という意思表示をする義務があるにすぎないのであるから，「登記手続をせよ。」とする方がよい。なお，所有権移転登記というべきところを，所有権登記などと不正確な言葉を使わないように注意する必要がある。
　　　次に，抹消登記の主文については，抹消されるべき登記は，物件と登記の名称・登記所の名称・受付年月日・受付番号によって特定し得るから，その点のみ主文で明らかにすれば足りると解されており，これによれば，例えば，「被告は，別紙物件目録記載の土地について〇〇地方法務局平成〇年〇月〇日受付第〇号の所有権移転登記の抹消登記手続をせよ。」と記載することになる。もっとも，登記目録を利用した記載が望ましいことについては，後記22頁記載のとおりである。
　㋑　不動産の権利に関する登記をするには登記原因を記録することが要求されており（不登59③），登記の申請には登記

原因を明らかにすることを要する（不登61）。したがって，通常，判決においても登記原因を明らかにすべきであるとされている。この要求を満たすためには，判決の理由中で登記原因が明らかになっていればよいが（最判昭32.9.17民集11.9.1555〔87〕は，売買を原因として所有権移転登記手続の履行を命ずる判決をする場合，売買の日付は，必ずしも主文に表示する必要はなく，理由中に明示されていれば足りるとする。），それを主文で示せばなおはっきりする。

　実務では，移転登記手続を命ずる主文は登記原因を明らかにして記載し，抹消登記手続を命ずる主文では登記原因を示さないのが通例である。抹消登記手続に代えて移転登記手続を命ずるときは，「真正な登記名義の回復」を登記原因として記載することが多い。

(ウ)　移転登記の場合でも抹消登記の場合でも，判決中の目的物件の表示が登記記録と一致していないと，登記できないことになるおそれがあるから，訴訟記録中の登記事項証明書などと照合して不一致があれば釈明し，正確に記載すべきである。登記記録が目的物の現状と違っているようなときは，登記記録の記録を書いた上，正確な現状を括弧内に書く（例1）か，あるいは反対に登記記録の記録を括弧内に書く（例2）のが例である。

例1　主文として「別紙物件目録記載の土地につき……」
　　　とした上，その物件目録として，

　　　　　「東京都○○区○○町○丁目○番

　　　　　宅　地　　　330.00m²

　　　　　　　　（実測300.51m²）」

　　2　主文として「別紙物件目録記載の建物につき……」
　　　とした上，その物件目録として，

　　　　「東京都○○区○○町○丁目○番地所在

　　　　　家屋番号　　○○番

　　　　　木造瓦葺平家建居宅

　　　　　床面積　　　30.24m²

　　　　　（登記記録上，木造トタン葺平家建倉庫

　　　　　　床面積　25.00m²）」

(2)　確認判決の主文

　　確認判決は，訴訟物である権利関係の存否を確定するもの
（例外として，証書真否確認の訴え・法134）であるから，主文
の結びは「……確認する。」と表現する。「被告は，原告に対し
……確認せよ。」とか「被告は……確認しなければならない。」
とかの表現は，被告に権利関係を確認するとの意思表示を命ず
る給付判決であるとの誤解を招くおそれもあるから，避けるべ
きである。

　　確認判決の既判力も，給付判決と同様に当事者間に限られる。
対立する当事者の双方がいずれも1名の場合には，主文で特に断
るまでもなく，その当事者間で確認されたことが自明であるが，
当事者の一方又は双方が複数の場合は，どの当事者間で確認す
るのかを主文で明らかにし，既判力を受ける当事者につき誤解
を生じないよう注意する（「原告 X₂ と被告 Y₁ との間において
……確認する。」という表現でこれを明らかにするのが例である
―例2）。

　　確認判決においては，確認の対象となる権利を主文において
明らかにする。その権利の特定の方法は，それが物権であるか
債権であるかによって異なる。通常，物権の場合は権利の主体
と対象及び権利の種類を明らかにすれば足りるが（例1，2），
債権の場合はその発生原因のほか，紛争の実情に応じて権利の
内容を明らかにする必要がある（例3，4。なお，債権目録を利

用して債権を記載する例も多い。)。

例1 「原告が，別紙物件目録記載の建物につき，所有権を有することを確認する。」

例2 「原告 X_2 と被告 Y_1 との間において，同原告が，別紙物件目録記載の土地につき，地上権を有することを確認する。」

例3 「原被告間の平成○年○月○日の消費貸借契約に基づく原告の被告に対する元金○○円の返還債務が存在しないことを確認する。」

例4 「原告が，別紙物件目録記載の建物につき，原被告間の平成○年○月○日付け賃貸借契約に基づく賃料1か月8万円の期限の定めのない賃借権を有することを確認する。」

(3) 形成判決の主文

形成判決は，その判決によって法律関係を直接発生，変更又は消滅させることを目的とするものであるから，主文によって形成されるべき権利関係を明確に表示する。確認や給付の判決主文と紛らわしい表現は避けるべきである。例えば，例1で「……離婚せよ。」としたり，例2で「被告は……取り消せ。」としたり，例3で「被告は……強制執行をしてはならない。」としたりすると，給付判決のように誤解されるおそれがある。

例1 「原告と被告とを離婚する。」

例2 「被告が平成○年○月○日Aとの間でした別紙物件目録記載の土地についての贈与契約を取り消す。」（詐害行為取消請求事件の判決主文の例）

例3 「被告から原告に対する○○地方裁判所平成○年(ワ)第○号○○請求事件の判決に基づく強制執行を許さない。」（請求異議事件の判決主文の例）

5 別紙目録，図面の利用

(1) 物件目録，図面の利用

　判決書には，必要に応じて，別紙として物件目録や図面等を添付し，主文（事実，理由についても同様）の記載に際しては，これを指示して物件を表示する方法（例えば，後記例示の物件目録を判決書末尾に添付した上で，「被告は，原告に対し，別紙物件目録記載2の建物を収去して同目録記載1の土地を明け渡せ。」と記載する。）も採られる。主文中に物件をそのまま表示すると，長文になって読みにくくなるのを避けるためであり，むしろこの方法が望ましいことが多い。この場合，別紙物件目録や図面等は主文の一部となるから，正確に記載するよう注意しなければならない。また，当然のことであるが，これらの書面の添付を忘れることのないようにしなければならない。

　主文は，判決書の記載自体によってその内容を明確にすべきであり，訴訟記録中の書類（例えば，検証調書添付図面，準備書面添付目録など）を引用することは許されないと解すべきである。

　物件目録や図面等を利用する場合に限らず，一般に注意しなければならないことであるが，物件を表示する場合には，その特定が十分かどうかをよく考えなければならない。例えば，不動産は，通常，地番又は家屋番号等によって特定し得るが（土地，建物に関する一般的な特定については，後記物件目録記載1，2の記載例参照），一筆の土地の一部，一棟の建物の一部が問題となるような場合には，図面などを併用して初めて特定されるのが普通である。単に「○○番宅地○○m^2のうち北側半分」とか「○○番山林○○haのうち，鉱泉湧出地の汲取場所を中心とする○○m^2」というような表現では特定に十分でな

い。

　図面等は，単に文字による物件の表示の内容を理解しやすく
するために利用される場合（例えば，ある形状を持つ動産をそ
の設計図で表す場合）もあるが，前記のように，物件の特定の
ために用いられる場合が多く，この場合には，物件の特定が明
確になるよう，特に注意しなければならない。例えば，一筆の
土地の一部を特定するような場合，図面に示された土地の範囲
が現地で明らかになるよう，基点を明確にした上，それから各
地点への方角，距離等を示すようにすべきである（後記物件目
録記載3の記載例参照）。

　境界（筆界）確定訴訟の判決主文にも図面を利用して境界線を
示す方法が用いられるが，同様の注意を払わなければならない。

例　　　　物件目録
1　埼玉県○○市○○町○○番
　　　宅　地　　　345.12m²
2　埼玉県○○市○○町○○番地所在
　　　家屋番号　　○○番
　　　木造瓦葺2階建居宅
　　　床面積　　　1階　71.00m²
　　　　　　　　　2階　53.41m²
3　東京都○○区○○町○丁目○○番
　　　宅　地　　　206.80m²
　　そのうち，別紙図面のイロハニイの各点を順次直線で結ん
　だ線で囲まれた範囲内の部分90.96m²

　　注　判決主文の表現が不明確であるとした判例として次のものがあ
　　　る。

① 最判昭29.1.19民集8.1.35〔3〕
② 最判昭32.7.30民集11.7.1424〔77〕
③ 最判昭35.6.14民集14.8.1324〔67〕

（別紙）

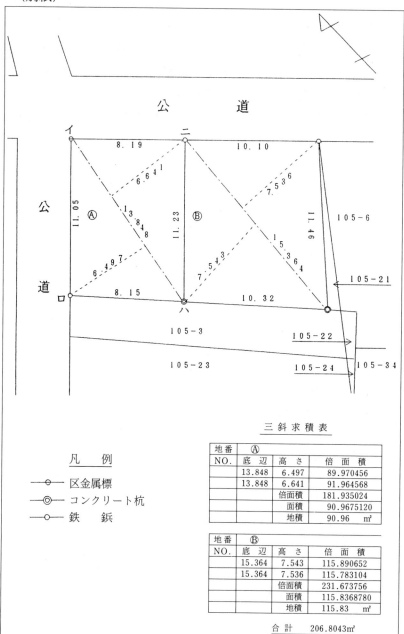

三 斜 求 積 表

地番	Ⓐ		
NO.	底 辺	高 さ	倍 面 積
	13.848	6.497	89.970456
	13.848	6.641	91.964568
		倍面積	181.935024
		面積	90.9675120
		地積	90.96　㎡

地番	Ⓑ		
NO.	底 辺	高 さ	倍 面 積
	15.364	7.543	115.890652
	15.364	7.536	115.783104
		倍面積	231.673756
		面積	115.8368780
		地積	115.83　㎡

合 計　　206.8043㎡

凡　　例

―○― 区金属標
―◎― コンクリート杭
―○― 鉄　　鋲

(2) 登記目録の利用

　　登記を表示する場合にも，物件目録を利用するときと同じ趣旨から，別紙として登記目録を添付し，主文（事実，理由についても同様）ではこれを指示して登記を表示する方法（例えば，物件目録とともに後記例示の登記目録を判決書末尾に添付した上で，「被告は，別紙物件目録記載の土地について，別紙登記目録記載の抵当権設定登記の抹消登記手続をせよ。」と記載する。）が採られることが多い。特に，所有権に基づく妨害排除請求として抹消登記手続が請求されている事件では，請求原因において妨害状態としての登記の内容を明らかにするため，登記の記録内容を具体的に記載する必要があり，その際には登記目録を利用してこれを表示するのが明解であるから，主文においても，その登記目録を利用して登記を表示するのが望ましい。

　　別紙登記目録を利用する場合の一般的な留意点は，物件目録の場合と同様である。

例　　　　登記目録

○○地方法務局○○支局平成○年○月○日受付

第○○号抵当権設定

　　　　原因　　　　平成○年○月○日金銭消費貸借同日設定

　　　　債権額　　　金○○万円

　　　　利息　　　　年○割○分

　　　　損害金　　　年○割

　　　　債務者　　　○○市○○町○○番地

　　　　　　　　　　A

　　　　抵当権者　　○○市○○区○○町○丁目○番○号

　　　　　　　　　　B

6　訴訟費用に関する主文

(1)　記載の必要，内容，場所

　　訴訟費用については，裁判所は職権をもって裁判をしなければならず（法67），主文に掲げるべきであるとされる。訴訟費用は，判決言渡しの後にも発生し，その具体的な数額を正確に把握することは容易でないので，実務では，単に負担者のみを定める裁判をして，具体的な数額の決定は，訴訟費用額確定手続（法71Ⅰ）にゆだねているのが通例である。主文中における記載の場所は，請求についての裁判の後，仮執行宣言の前とする。

(2)　記載の具体的方法

　ア　一般の場合

　　訴訟費用は敗訴当事者の全部負担となる（法61）から，一方当事者が全部勝訴したような場合は，「訴訟費用は被告（原告）の負担とする。」というように記載する。

　　両当事者に一部ずつ訴訟費用を負担させる場合（法64本文）には，通常，「訴訟費用は，これを5分し，その2を原告の負担とし，その余は被告の負担とする。」とか，「訴訟費用は，これを2分し，それぞれを各自の負担とする。」というように記載する。一部敗訴の場合の費用負担の割合は，通常は請求額と認容額との比率に対応して定められることが多いが，その比率によるのが相当でない場合もある。また，一方の敗訴部分がごくわずかである場合などは，全部の費用を相手方の負担と定めることが多い（法64ただし書）。

　　民訴法62条，63条の適用される場合には，「訴訟費用中，○○円は原告の負担とし，その余は被告の負担とする。」とか，「訴訟費用中，証人Aに支払った旅費，日当は原告の負担とし，その余は被告の負担とする。」と記載している。

なお，手形判決（小切手判決を含む。）に対する異議申立て後の通常手続における判決では，異議を不適法として却下する場合，又は手形訴訟においてされた訴訟費用の裁判を認可する場合には，異議申立て後の訴訟費用についてのみ裁判をする（法363Ⅰ）ことを明らかにする趣旨で，「異議申立て後の訴訟費用は被告（原告）の負担とする。」というように記載する。

> 注　和解調書においては，「訴訟費用は各自の負担とする。」と記載する例が少なくないが，これは本文に例示した2分の1ずつ負担する場合と本質的に異なるから，注意を要する。各自負担というのは，双方に費用償還請求権のないことを意味するのであり（したがって，費用額を確定する必要はない。），当事者双方の出費が同一額でない限り，この二つの例は同じ結果にならない。したがって，判決の主文ではこのような記載例は利用しない方がよい。

イ　特殊な場合

　㈠　共同訴訟の場合

　　共同訴訟の一方の数名の当事者がいずれも全部敗訴したときは，例えば「訴訟費用は被告（原告ら）の負担とする。」と記載する。この場合，特に「平等」と断らなくても，法律上当然平等負担となるものと解されている（法65Ⅰ本文）。裁判所は，訴訟費用を共同訴訟人の連帯負担と定めることもできる（法65Ⅰただし書）。訴訟物である債務が連帯債務又はこれに準ずるような場合（合同債務，不真正連帯債務のような場合）で，その共同債務者である当事者の敗訴の判決をするようなときに行われ，「訴訟費用は被告らの連帯負担とする。」というように記載する。民訴法65条2項を適用する場合の主文は，この原則と，前記アの同法62条，63条を適用する場合の応用として考えればよい。

以上と異なり，共同訴訟人中で，相手方との勝敗が分かれた場合の訴訟費用の負担の主文の記載については，難しい問題がある。原告と被告Y_1，Y_2間の訴訟で，Y_1は全部敗訴し，Y_2は全部勝訴した場合を例にして説明する。まず，実務上行われている記載方法を示すと，およそ次のような例がある。

a①　「訴訟費用は，原告に生じた費用の2分の1と被告Y_1に生じた費用を被告Y_1の負担とし，原告に生じたその余の費用と被告Y_2に生じた費用を原告の負担とする。」

　②　「訴訟費用は，原告と被告Y_1との間においては，原告に生じた費用の2分の1を被告Y_1の負担とし，その余は各自の負担とし，原告と被告Y_2との間においては，全部原告の負担とする。」

b　「訴訟費用中，原告と被告Y_1との間に生じたものは被告Y_1の負担とし，原告と被告Y_2との間に生じたものは原告の負担とする。」

c　「訴訟費用はこれを2分し，その1を原告の負担とし，その余は被告Y_1の負担とする。」

　cの記載では，Y_2は自己の支出した費用の2分の1を相被告であるY_1から償還を受けることができるようにみえる点に難点がある。訴訟費用の償還は，対立当事者間での問題であって，共同当事者間の問題ではないことを考えると，この記載は適当でないということになる。

　bの記載は，訴訟費用がいずれの当事者間で生じたかが常に判然としていることを前提としている。しかし，具体的な費用がいずれの当事者間で生じたかを区別することができない場合が少なくなく（例えばY_1Y_2が連帯債務者で

ある場合の，原告が訴状にちょう用した印紙の額など），そのような場合の処理に困るという難点がある（いずれの間で生じたか不明の場合，共同当事者の数で頭割りにするほかないであろうが，bの主文でこれを表現しているとみてよいかはかなり疑問である。）。

　aの記載によると，そのような難点を避けることができる。これによると，Y₂は，その支出した費用を全部原告から償還し得ることが明確にされているし，原告は，その支出した費用の2分の1については，それがどの関係で具体的にどのような役割を果たしたかとは関係なく，自己の負担となること，及び2分の1は同様その果たした役割と関係なくY₁に対し償還請求し得ること，並びにY₁は自己の支出した全費用を負担することが明確にされている。

　費用負担の基本原則及び主文の明確性の点から考えて，aの方法が妥当であるといってよい。ただし，原告の支出した費用中明確にY₂との関係で生じたといえるもの（例えば，Y₂のみが争う事実の立証のための費用）がある場合には，その一部でもY₁に負担させるべきではないから，その点を念頭において適宜例文の「2分の1」という比率を加減して，具体的事件での原告とY₁との費用分担の妥当性を考慮するなどの工夫が望ましい。

(イ)　反訴が提起されている場合

　本訴と反訴の費用を区別せずに，「訴訟費用は，本訴反訴を通じ，本訴被告（反訴原告）の負担とする。」とか，「訴訟費用は，本訴反訴ともに，これを5分し，その3を本訴被告（反訴原告）の負担とし，その余を本訴原告（反訴被告）の負担とする。」というように，まとめて費用の負担を

定めている。本訴と反訴とで勝訴当事者が分かれた場合
（例えば，本訴で本訴原告，反訴で反訴原告が勝訴した場
合），後の記載例によるのが妥当である。実務上は，「訴訟
費用は，本訴について生じた部分は本訴被告（反訴原告）
の負担とし，反訴について生じた部分は本訴原告（反訴被
告）の負担とする。」というような記載が行われることがあ
るが，このような記載は，本訴について生じたか反訴につ
いて生じたかを区別し得ない費用の負担について，(ア)の b
の場合と同様の難点が生ずるので，妥当とはいえない。

7 仮執行の宣言

(1) 仮執行の宣言の要否，判断基準
  ア 財産権上の請求に関する判決については，原則として，申
    立てにより又は職権で仮執行宣言を付すことができる（法259
    Ⅰ）。民訴法259条1項は，「裁判所は，必要があると認めると
    きは，……」といって，仮執行宣言を付すかどうかを裁判所
    の自由裁量にゆだねており，裁判所は，次のような諸事情を
    考慮して，仮執行宣言を付すかどうかを決すべきである。
    (ア) 執行（権利の実現）の遅延により，勝訴者（権利者）の
      被る損害の程度及びその塡補の可能性
    (イ) 執行により，敗訴者（義務者）が後に原判決の取消し，
      変更のあった場合に主張し得るであろう損害の程度及びそ
      の塡補の可能性
    (ウ) 勝訴者（権利者）の権利の確実性（上訴審において原判
      決が取消し，変更されず維持されることの蓋然性）
      このような考慮の結果，仮執行宣言を付すのが相当と認め
    られるときは，たとえ当事者の申立てがなくても，職権で仮

執行宣言を付すことは，法律上もとより可能である。しかし，実務上は，当事者の申立てがないのに仮執行宣言を付す例は少ない。権利者が積極的に求めていない場合には，あえてその保護を考慮するまでのこともないとの理由による。

イ　法律上，職権で仮執行宣言を付さなければならない場合がある（法259Ⅱ，民執37Ⅰ後，38Ⅳ）。この場合，仮執行宣言は必要的であって，当事者の申立ては職権発動を促す意味を持つにすぎず，仮執行宣言を落とすと，常に後で補充の裁判をしなければならなくなるから，注意を要する（法259Ⅴ）。

(2)　担保提供の要否，その額，判断基準

ア　仮執行宣言を付す際，民訴法259条1項の場合は，担保を提供させるかどうか及びその額を幾らにするかについては，裁判所の自由な裁量にゆだねられており，同条2項の場合は，原則は無担保とされるが，事情によっては担保を提供させることもできる（法259Ⅱただし書）。そのいずれの場合も，担保を提供させるべきかどうかの判断の基準としては，前記(1)アの(ア)ないし(ウ)の事情が考慮されるべきであろう。ただし，民訴法259条2項の場合は，特に強く担保提供を命ずる必要性がある場合に限って，これを命ずることができる点に注意しなければならない。

イ　仮執行のための担保は，仮執行によって相手方に生ずるかもしれない損害（原判決の取消し，変更がされた場合の損害）の賠償のためのものであり，担保の提供を命ずる場合の額は，主としてその予想される損害の額を考慮して決すべきであろう。従来の実務では，一般の金銭給付の場合には，ほとんど仮執行宣言が付されており，その多くは無担保である。不動産の明渡しの場合でも仮執行宣言を付すことが多いが，金銭

給付の場合に比べると仮執行宣言を付すのが適当でない事案も少なくなく，担保付で付されることもある。この場合の担保額は，事案によるのであって一概には定まらないが，不動産の価額又は賃料額などを基準にして決められている。

(3) 仮執行の宣言の許否が問題となる場合

確認判決，形成判決などについては，仮執行宣言の許否自体が問題となるので，このような場合について説明する。

ア　確認判決

確認判決にも仮執行宣言を付すことができるかどうかは，狭義の執行力のほかに，広義の執行力についても仮執行という観念をいれてよいかどうかに関連する。換言すれば，仮執行宣言を判決の仮の確定という意味に解するかどうかにかかる。理論上問題のあるところであるが，実務上は仮執行宣言を付さないのが通例である。

イ　形成判決

確認判決と同様の問題がある。実務上は，民執法37条1項，38条4項の場合などを除き，仮執行宣言を付さないのが通例である。

ウ　意思表示を命ずる判決

意思表示を命ずる判決（例えば，登記手続を命ずる判決）は，給付判決の一種であるけれども，これには仮執行宣言を付さない。その根拠については説が分かれるが，性質上付すことができないとするのが通説である。

エ　訴訟費用の負担の裁判

訴訟費用の負担を命ずる主文についても仮執行宣言を付してよい。この裁判が費用の負担者を定める点で形成的な内容をも含むとすれば問題がないわけではないが，むしろ給付命令の実質に着眼して，一般には肯定されている。

(4) 主文記載の必要，内容，場所

　ア　仮執行宣言は主文に掲げることを要する（法259Ⅳ）。これ
　　に対し，仮執行宣言の申立てがあったが，これを付すのが相
　　当でない場合は，主文に却下の旨を掲げる必要はなく（法259
　　Ⅳの反対解釈），理由中でそのことを明らかにすれば足りる
　　（記載例は後記87頁参照）。もっとも，原告の請求を全部排斥
　　する場合，その判断は，仮執行宣言の余地のないことの判断
　　を当然含むから，理由中でも特に仮執行宣言の申立てについ
　　て判断を示す必要はない。

　イ　記載内容は下記の各例のとおりであるが，特に注意すべき
　　点を挙げる。

　　(ア)　特に除外を明らかにしない限り，訴訟費用の裁判につい
　　　ても仮執行宣言が付されていることになる。

　　　例　「この判決は，仮に執行することができる。」
　　　　　「この判決は，原告が○○万円の担保を供するときは，
　　　　　仮に執行することができる。」

　　(イ)　当事者が複数の場合で担保の提供を命ずる場合，だれが
　　　だれのために担保を提供するのかを明確にしなければなら
　　　ない。

　　　例　「この判決は，原告が各被告に対しそれぞれ○○万円の
　　　　　担保を供するときは，その被告に対して，仮に執行す
　　　　　ることができる。」

　　(ウ)　一部勝訴の場合や，主文中仮執行宣言が許されないか又
　　　は相当でない部分がある場合には，仮執行宣言を付す部分
　　　を明確にする。

　　　例　「この判決は，○項に限り，仮に執行することができ
　　　　　る。」

　ウ　仮執行宣言は，訴訟費用の裁判の次に記載する。

(5) 担保提供の方法

　　金銭又は裁判所が相当と認める有価証券を供託する方法のほ
　　か，最高裁判所規則で定める方法又は当事者が特約したときは
　　その契約で定める方法による（法259Ⅵ，76，規29）。

8　仮執行免脱の宣言

　　仮執行宣言を付す場合，被告の申立て又は職権により，その免
　脱の宣言を付すことができる（法259Ⅲ）。免脱の宣言は，仮執行
　宣言の場合と違って，必ず担保を提供させることを要する。この
　担保は，仮執行宣言の担保とは逆に，権利者が仮執行をすること
　ができず，執行の遅延によって被るべき損害の担保となるもので
　あり，担保の額を定めるに当たっては，仮執行宣言の担保の額に
　つき考慮すべき事情を，逆の意味で考慮すべきこととなる。
　　仮執行免脱の宣言も主文に掲げる必要があり，仮執行宣言に続
　けて記載する（下記の例参照）。また，仮執行免脱宣言の申立てが
　相当でない場合に，主文に却下の旨を掲げる必要はないが，理由
　中で必ずそのことを明らかにする必要があることについては仮執
　行宣言の申立ての場合と同じである。
　例　「ただし，被告が〇〇万円の担保を供するときは，その仮執行
　　　を免れることができる。」

第6　事実（法253Ⅰ②）

1　表題

　　表題としては単に「事実」と記載する。

2 事実摘示の構成

民訴法253条2項は,「事実の記載においては,請求を明らかにし,かつ,主文が正当であることを示すのに必要な主張を摘示しなければならない。」としている。

まず,事実の記載においては,請求を明らかにしておくことが必要である。請求の特定は,請求の趣旨及び請求の原因の記載によりこれを行う。次に,「主文が正当であることを示すのに必要な主張」とは,主文の結論を導き出すのに必要な主張のことである。

以上のとおり,法律上は,判決書の事実摘示は,最低限その請求と主張とを記載しておけば足りることとされている。しかし,司法修習生が判決書作成の基本を修得するには,当事者の主張を論理的順序に従って漏れなく整理することに習熟することが重要であり,在来様式による判決書の事実摘示の仕方を理解することが必要である(前記2頁参照)。

在来様式による判決書において,事実摘示は次の順序で記載するのが一般的である。

第1 当事者の求めた裁判
　1 請求の趣旨
　2 請求の趣旨に対する答弁
第2 当事者の主張
　1 請求原因
　2 請求原因に対する認否
　3 抗弁
　4 抗弁に対する認否
　5 再抗弁
　6 再抗弁に対する認否
　　(以下これに準ずる。)

なお，判決書の「事実」中に，当事者が提出した証拠を摘示する必要はない。

3　請求の趣旨

　この欄には，狭義の請求の趣旨と訴訟費用の負担の申立て及び仮執行の宣言の申立てを記載する。
(1)　請求の趣旨（法133Ⅱ②）の記載
　　請求の趣旨は，原告の主張の結論となる部分で，原則として，原告が勝訴した場合の訴訟物についてされる判決の主文に相応する。
　　請求の趣旨は，訴状の必要的記載事項であるから，訴状に必ず記載されているが，判決にはこれをそのまま引き写せばよいのではなく，その内容の変更にわたらない限度で，これを簡潔かつ正確に整理して表現すべきである。しかし，その限度を超えて，請求の趣旨を自己の憶測や理論で勝手に改めたり，補充したりしてはならない。殊に，請求の趣旨が理論上請求原因から出てこないとか，請求原因と矛盾しているからといって，勝手にその内容を変更，訂正して事実摘示中に記載してはならない。この場合には，審理中に釈明すべきであり，これをしなかったときには，請求の趣旨をそのまま事実摘示中に記載するほかはなく，理由中でその点についての判断を示すことになる。
　　請求の趣旨に変更があった場合，変更の可否について問題がないときは，変更後のもののみを記載すれば足りることはもちろんである。
　　予備的請求については，その請求の趣旨が主位的請求のそれと異なるときは別個に記載するが，同一のときは，別個に記載せず，「よって書き」（後記47頁参照）で明らかにするのが実務

の取扱いである（選択的併合の場合も「よって書き」でその趣旨を明らかにしている。）。

　原被告のいずれか一方又は双方が複数のときは，だれからだれに対する請求であるかを明確にしなければならない。

　本訴と反訴とがある場合には，本訴の請求の趣旨と反訴の請求の趣旨とを区別して，明確に記載する。

(2)　訴訟費用の負担の申立て

　訴訟費用の負担の申立ては，必要的申立事項ではないが，原告がこの申立てをしている以上は記載する。

(3)　仮執行の宣言の申立て

　仮執行宣言の申立てを認容するときは，終局判決において主文にその旨が掲げられる（法259Ⅳ）ところから，仮執行宣言の申立ては，事実摘示においても請求の趣旨の欄にこの申立てがされたことを記載する。

(4)　主文の引用

　請求の趣旨の記載方法として，主文と一致している部分については，一般に「主文同旨」又は「主文1，2項と同旨」というように主文を引用することにより，簡略に記載する方法が採られている。

4　請求の趣旨に対する答弁

　請求の趣旨に対する答弁（規80Ⅰ）の表示としては，「原告の請求を棄却する。訴訟費用は原告の負担とする。」のように記載する（この場合も，請求の趣旨におけると同様，原告敗訴のときは，「主文同旨」というように主文を引用する方法が採られている。）。なお，原告の場合と同様，被告が訴訟費用の負担の申立てをしている以上は，これを記載する。

仮執行免脱宣言の申立てがあったときは，請求の趣旨に対する
　答弁の最後にこれを記載することを忘れてはならない。

5　請求原因

(1)　請求原因の意義
　　　判決の事実欄には，まず原告側の請求原因を記載するが，こ
　　こでいう請求原因は，いわゆる特定のための請求原因と請求を
　　理由づける事実，すなわち攻撃方法としての請求原因との両者
　　を含むものである（規53Ⅰ参照）。通常，前者の記載は後者の記
　　載に包含される。
(2)　請求原因の整理
　ア　請求原因を正しく記載するためには，まず原告が本訴で主
　　　張しているのは，いかなる権利（訴訟物）か，また，その権
　　　利が発生するための要件事実は何かを正しく把握し，その上
　　　に立って主張を整理し，簡潔に記載しなければならない。し
　　　たがって，原告の訴状や準備書面に記載してあるところをそ
　　　のまま引き写すことは，一般には適当でない。また，当事者
　　　の陳述した順序にとらわれる必要は少しもないのであって，
　　　理論的にその順序を考えて記載すべきである。
　　　　当事者の陳述中には法律的にみて不必要な事実も含まれて
　　　おり，また，訴状の請求原因事実でも必ずしも整然と順序よ
　　　く述べられてはいないことがしばしばある。したがって，訴
　　　状や準備書面の記載にとらわれることなく，それを一応全部
　　　自分のものとして消化し，新しく請求原因を書き下ろす心構
　　　えで，論理的に，分かりやすく記載することが要求される。
　　　　すなわち，原告が請求原因として主張すべき事実（要件事
　　　実）と，原告が現に主張している事実とを対比し，主張の不

足しているところを釈明によって明らかにし，主張すべき事実以外の事実は請求原因事実とは区別し（規53Ⅱ，79Ⅱ参照），こうして原告の主張が十分形作られたところで，これに対する被告の認否を求めていくのが，裁判所の審理の筋道であるが，判決書の起案は，このような審理の過程の結果の報告にほかならない。

それゆえ，もし，審理が完ぺきにされていれば，事実の記載はおのずから出来上がるものであり，審理が混乱していたり，釈明が不十分であったりすると，事実の記載は不可能になる。このことから逆に，判決起案は審理を反省し，審理をいかにすべきかを考える契機にもなる。

イ　例えば，貸金等請求事件において，原告の訴状における請求原因の記載は次のようなものであるとする。

「原告は，平成17年中に被告から度々その困窮状態を訴えられ，これに同情して合計100万円を貸したのであるが，被告はその後原告の恩義を忘れ，原告の請求に対しては言を左右にして返還しようとしない。それで，やむなく被告に対し上記貸金100万円とこれにつき平成17年11月1日から支払済みまで年6分の利息の支払を求めるため本訴に及んだ。」

事案としては，極めて簡単で，原告の主張は筋道が通っているようにみえるかもしれない。しかし，この記載には，次に述べるような多くの問題がある。

㋐　合計100万円を貸したというが，それは，一つの消費貸借契約によるものなのか，数個の消費貸借契約により数回にわたって貸したものなのか。後者ならば，原告の請求する権利は各契約ごとに発生原因を別にするものであって，数個の権利，数個の請求である。原告の主張する契約の成立年月日はいつなのか不明確である。

(イ)　消費貸借契約は要物契約（民587）であるから，返済の合意のほかに，金員交付の事実の主張を明確にしなければならないが，「100万円を貸した。」という表現では必ずしもその点が明確とは言い難い。

(ウ)　消費貸借契約についていわゆる貸借型理論を採るとすれば，弁済期についての合意はどうなっていたのか，明らかにする必要がある。

(エ)　原告は「年6分の利息」を請求するといっているが，それは文字どおり利息なのか，遅延損害金（遅延利息）なのか，あるいは利息と遅延損害金との双方が含まれているのか，請求の内容が不明確である上，それぞれその発生原因の主張も不十分である。すなわち，「利息」の請求であるならば，利息の定めがあったことを主張するか，それとも原被告双方とも商人であること（商513Ⅰ）を主張しなければならない。また，「年6分」という根拠は，約定によるものであれば，その約定を主張すべきであり，約定がないときには，元本債権が商事債権であることを示す事実（商514），すなわち，原告か被告のいずれかが商人であること（商503），あるいは商行為による債権であること（商501，502，会5）の主張がなければならない。また，「遅延損害金」の請求ならば，元本債権に確定期限が付されている場合は，期限の約定とその期限の経過（民412Ⅰ），不確定期限が付されている場合は，これに加えて債務者が期限の到来を知ったこと（民412Ⅱ），期限の定めのない場合は，催告とその後の相当期間の経過（民412Ⅲ，591）がその発生原因事実である（実務では，期限の定めのない場合で，相当期間を定めた返還の催告が主張されたときには，その相当期間を定めた返還の催告とその期間の経過を記載する例もあ

る。）。さらに「年6分」の率によってこれを請求するには，元本債権が商事債権でない限り，遅延損害金年6分との約定の存在（民420）又は法定利率を超える年6分の利息の約定のあること（民419Ⅰただし書）を主張しなければならないが，これらの点はどうなっているのか明らかでない（附帯請求といえども，独立した請求の一つであるから軽視することは許されない。）。

このように原告の主張している事実は，その主張すべき事実に対比してみると著しくあいまいであり，不足しているということになる。その反面，「被告から度々その困窮状態を訴えられ」とか，「原告の恩義を忘れ」とか，「言を左右にして」とか，法律効果の存否自体の判断にとっては余計なことが述べられている。

そこで，裁判所としては，釈明権を行使し，原告にその主張を補足し明確にさせなければ，十分な審理も判決もすることができないのであって，原告の主張は，次のようにでも整理されるべきであろう。

「原告は，被告に対し，平成17年3月5日，弁済期は同年10月31日，期限後は年6分の損害金を支払うとの約定で50万円を貸し付け，さらに同年7月20日，前同様の約定で50万円を貸し付けた。よって，原告は，被告に対し，上記各消費貸借契約に基づき，合計100万円及びこれに対する弁済期の翌日である平成17年11月1日から支払済みまで約定の年6分の割合による遅延損害金の支払を求める。」

あるいは，

「原告は，被告に対し，平成17年11月1日，100万円を，弁済期は同月末日の約定で貸し付けた。その貸付け当時，原告は，電気機具の製造販売を業とする者であり，被告はその売

買を業とする者であった。よって，原告は，被告に対し，上記貸金100万円と，これに対し平成17年11月1日から同月30日までは利息として，平成17年12月1日から支払済みまでは遅延損害金として，いずれも商事法定利率年6分の割合による金員の支払を求める。」

ウ　そのほか一般に，当事者の用いた不正確又は不十分な表現をそのままうのみにせず，常にその意味を明確に把握して記載することが必要である。

　　例えば，「原告はAを介して被告に○○万円を貸し付け」と記載したのでは，Aは使者なのか代理人なのか分からない。使者だとすれば，これは間接事実の主張であり，これを記載する必要はない。しかし，代理人であれば，代理人により契約がされたとの主張は主要事実であるから，「原告は，Aに対して，平成○年○月○日，○○万円を貸し付け，被告は，その貸付けに先立ってAにその代理権を与え，Aは，その貸付けの際被告のためにすることを示した。」というように記載すべきである。

　　当事者が，「解除した。」，「相殺した。」，「取り消した。」などと主張している場合，解除，相殺，取消しなどはいずれも意思表示による法律効果であって，事実はあくまでもその意思表示がされたことであるから，それぞれ，「解除するとの意思表示をした。」，「相殺するとの意思表示をした。」，「取り消すとの意思表示をした。」などと，意思表示の事実を明確に記載する必要がある。

　　それらの意思表示を摘示する場合，意思表示は相手方に到達することにより効力を生ずる（民97）から，通常は，その到達した日にその意思表示をしたと摘示すれば十分であり，それ以上に，口頭によるか書面によるか，いつ発信したかな

どの意思表示の具体的態様を摘示する必要はない。内容証明郵便によって意思表示がされた場合も，確定日付が法律的に特に意味を有するときなどでない限り，内容証明郵便によることを摘示する必要はない。

　当事者の提出した訴状や準備書面中に「本訴状で解除する。」とか，「本書面で取り消す。」などの主張の記載がある場合は，その当事者の主張として，訴状等の書面を相手方に到達させることによって解除等の意思表示をし，その事実を訴訟上主張しようとするときと，口頭弁論期日や弁論準備手続期日においてその書面を口頭で陳述することによって実体上その意思表示をし，同時に訴訟上その事実の主張をしようとするときがあり，そのいずれであるかによって到達日が異なることもあるから，その趣旨を確かめなければならない。なお，訴状の送達により意思表示をするときや，期日における陳述により意思表示をするときには，その意思表示をした事実は顕著な事実となって，立証を要しないことになるから，その顕著性を示すため，前者であれば，「平成○年○月○日到達の本件訴状をもって本件契約を解除するとの意思表示をした。」というように記載し，後者であれば，「平成○年○月○日の本件口頭弁論期日において本件契約を取り消すとの意思表示をした。」というように記載する。

(3) 請求原因を記載するに当たって注意すべき点

　ア　口頭弁論において陳述された主張に限ること

　　判決書の事実摘示として記載すべき当事者の主張は，当事者が口頭弁論で陳述した事実上の主張に限られる。これは，民事訴訟における口頭主義の原則からいって当然のことであって，陳述されない主張を考慮にいれるべきではない。例えば，当事者が準備書面を提出していても口頭弁論において

この準備書面に基づく陳述をしていないときは，これに記載された事実を主張として採り上げることは誤りである。記録中に存する準備書面については，その内容が陳述されているかどうか，陳述が一部に制限されていないかどうか，口頭弁論調書によって確かめないと，この誤りをするおそれがある。

判決の基礎となる資料は，口頭弁論終結時におけるそれであるから，それ以前に撤回された主張や変更前の主張は記載することを要せず，口頭弁論終結時に維持されている主張のみを摘示する。

本人尋問における当事者の供述や，証言，書証の記載内容など証拠資料中に現れた事柄を当事者の主張として記載したり，あるいは，これらの証拠の内容によって主張を補ったりしてはいけない。もっとも，例えば，準備書面の中で書証（契約書など）の記載内容が引用されているときには，それは主張の一部となるものといえよう。

イ　主張責任を考えること

判決書に記載すべき請求原因としては，原告に主張責任のある事実のみを記載すれば足りる。例えば，売買代金の請求における請求原因としては，「原告は，被告に対し，平成○年○月○日，別紙物件目録記載の物件を代金○○万円で売った。」と売買契約締結の事実を記載すればよい。なぜなら，その契約が錯誤により無効であること，解除されたこと，売買代金が弁済されたこと，代金支払に期限が定められていることなど，売買代金請求権の発生障害，消滅又は阻止の事由は，被告に主張責任があると解されているので，被告からこれらの抗弁の要件事実が主張立証されない限り，売買代金請求権は，その発生の要件事実である売買契約の締結が認められさえすれば，当然にその現存が認められる関係にあるからであ

る。

　もっとも，原告が抗弁及びその認否に当たる事実を先行的に陳述することがある。抗弁事実を認める趣旨の陳述であれば先行自白であり，否認する趣旨のものであれば先行否認であるが，実際に陳述された時の前後は問わないから，抗弁に対する認否として記載する。例えば，所有権に基づく返還請求の訴訟において，原告がその目的物を被告に賃貸していたが，その賃貸借契約は解除されたと主張した場合は，賃貸の点は先行自白であり（解除したとの点は再抗弁に当たる。），同様な事件において，「被告に賃貸したこともないのに被告は占有している。」という場合の「被告に賃貸したこともない。」というのは，その趣旨の抗弁を予測した先行否認である。

　なお，再抗弁に当たる事実は原告に主張責任があるが，その事実は抗弁事実に基づく法律効果を排斥するものであり，抗弁事実に対する認否の次に記載されるべきものである。実務では，再抗弁に当たる事実を請求原因の中に包含して記載する例も見受けられるが，修習生として判決を起案する場合は，このような方法は避けるべきである。

ウ　主張を正確に記載すること

　裁判所は，当事者が口頭弁論で陳述した事実主張を基礎に判決するのであるから，判決書の事実摘示には当事者の事実主張が正確に記載されなければならない。当事者の主張したことを落としたり，主張しないことを主張したものとして記載するようなことがあってはならない。当事者の事実主張は簡潔に記載すべきであるが，いかに簡潔に整理すべきだといっても，当事者が代理人による売買の意思表示を主張しているのに，本人自身が売買契約を結んだとの主張として記載するのは誤りである（もっとも，法人の代表者による代表行

為の場合は，本来は代理人による行為と同様に考えられるが，実務上，代表権に争いがある場合やその意思表示に民法93条ないし96条の瑕疵が主張されている場合などを除き，法人が自ら法律行為をしたように摘示するのが通例である。）。また，当事者は詳しく自働債権の発生原因，日時等を主張しているのに，判決では簡単に「〇〇円の売買代金債権をもって相殺する。」とするのは，要件事実の記載を尽くしていないから，不十分である。

　主張は黙示的にもされることがあるから，主張がされているかどうかは陳述全体の趣旨から客観的に判断しなければならない。ある主張がされたとみられる以上，これを看過してはならない。反対に，ある主張がされたとは客観的に解することができないのに，これを摘示することは許されない。訴訟指揮としては，黙示の主張は釈明してその趣旨を明確にしておくべきである。

　なお，主張自体失当と考えられる主張の摘示の要否は，一律に決することが困難な問題である。結局は，その主張が一応の理由があると思われるものか，それとも法律上全く無意味と考えられるものか，さらには，その主張がその当事者の主張全体の中でどの程度の重要性を持っているものかなどを総合的に考慮して決するほかはないであろう（事実摘示をした場合には，理由中でそれが失当であることの判断を示すことになる。）。

エ　主張は具体的に記述すること
　事実主張は，一定の法律要件に該当する具体的な事実の主張でなければならないから，この具体的事実を過不足なく明確に記述する。抽象的に，「要素の錯誤があった。」とか，「詐欺によって意思表示をした。」とかいうような記載をすべきで

はない。要素の錯誤の主張であれば，必ず錯誤の内容である具体的事実を記載する。すなわち，実際はこうであるのに，このように誤信したということを明らかにし，かつ，それが意思表示の要素に関するものであることを明確にしなければならない。もっとも，「賃借し」，「弁済し」のように，法的評価を示す法律用語であると同時に社会的な事実を表す日常語としても用いられるものについては，その言葉をそのまま用いても，具体的な事実主張と解してよい。

また，「相続した。」とか，「債権を有している。」などと，法律効果や権利の存否の主張をそのまま摘示してはならない。しかし，例外的に，所有権について権利自白がされている場合には，所有権取得原因事実を主張する必要がなく，「所有している。」とそのまま摘示すればよい。

ある合意に基づく法律効果を主張する場合には，過去にその合意をしたことが要件事実であるから，「合意が存在する。」とか「特約が存在する。」との摘示は相当でない。

オ　間接事実の主張

当事者は，主要事実のほか，その存在を推認させる間接事実を主張することが多い。判決には，主要事実に加え，事件の実態を浮かび上がらせるなどの配慮から重要な間接事実も摘示されていることが少なくないが，間接事実をも摘示しようとして，かえって主要事実を落とすことになってしまったり，主張整理が不十分になったりすることもないではない。したがって，修習に当たっては，まず主要事実を明確に把握し，これを漏れなく記載することができるように努めるべきであり，原則として，間接事実は記載しない方がよいであろう。

法律要件が，信義則違反（民1Ⅱ），「権利の濫用」（民1

Ⅲ），公序良俗違反（民90），「代理人の権限があると信ずべき
正当な理由」（民110），「過失」（民709等），「正当の事由」（借
地借家28）等の抽象的概念で規定されている場合，その基礎
となる具体的事実が主要事実であるのか（主要事実説），間接
事実であるのか（間接事実説）は見解の分かれるところであ
るが，主要事実説に立つ場合には，当事者の主張した具体的
事実を摘示すべきことになる。当事者の主張した事実のうち
どの範囲まで記載するのが妥当かは，その規定の趣旨に即し
各事案ごとに決するほかはない。実務においては，間接事実
説に立った上で，上記具体的事実を重要な間接事実として摘
示する例も少なくない。

　黙示の意思表示の成立をいう場合にも，これと同様に主要
事実説と間接事実説の対立があるが，主要事実説によればそ
の意思表示を基礎づける具体的事実を摘示すべきことになる。
例えば，「原告は，平成○年○月○日ころから被告所有の本件
土地を使用しているが，被告は，そのころからこれを知りな
がら，その後平成○年○月○日ころまで一度も明渡しや使用
の対価を請求したことがなく，遅くともそのころには原被告
間に黙示の合意によって使用貸借契約が成立した。」というよ
うに，個々の具体的事実とそれらが基礎づけている意思表示
の成立したことを示して，主張の内容をはっきりさせるよう
に記載するのが例である。実務においては，間接事実説に
立った上で，上記具体的事実を重要な間接事実として摘示す
る例も少なくない。

カ　他の書面の引用

　「訴状，準備書面記載のとおり主張した。」とか，「甲第1号
証記載のとおり契約した。」とかいうように，他の書面を判決
書中で引用することは許されない。判決書自体から当事者の

主張の内容が分からなければならないからである。もっとも，このような書面の内容をそのまま別紙として判決書に添付することは可能であるが，準備書面などの内容が簡単でない場合とか，前後に矛盾を含む場合とか，その解釈が多義的であるようなものについては，結局当事者の主張があいまいになるので，この方法は適当でない。

キ　訴えの併合がされた場合

　　訴えの主観的あるいは客観的併合がされているときは，各訴訟物についての要件事実の全部又は一部が異なるのであるが，要件事実として共通する部分が多いときには，請求原因事実を全部まとめて記載し（このときには，各訴訟物ごとに，どの事実が共通の又は別々の請求原因事実となるかをよく意識し，事案によってはこれを明らかにした方が相当な場合もある。），要件事実として共通する部分がわずかなときは，別個に記載するのが相当であろう。本訴と反訴とがある場合には，請求の趣旨と同様に区別して明確に記載すべきである。もっとも，反訴の請求原因事実が本訴の抗弁事実と同じであるときは，引用することは差し支えない。

ク　攻撃方法としての請求原因が複数ある場合

　　1個の訴訟物に関して攻撃方法としての請求原因が複数ある場合にも，キの訴えの併合の場合と同様の問題がある。そして，この場合，各請求原因ごとにその内容を示す見出しを付けるのが相当であり，共通する部分が多くこれらをまとめて記載するときには，各請求原因独自の要件事実を記載する部分にそれぞれの見出しを付けるのが相当である。

ケ　分離前の当事者の呼称

　　訴えの主観的併合の事件で，訴訟手続進行中に一部当事者の弁論が分離されたような場合に，当事者の主張を記載する

に当たり，従前の相原（被）告を示すときには，「原（被）告Ａ」と表示すべきではなく，単に「Ａ」と表示すべきであり，判決中に分離になったことやその理由などを書く必要はない。

コ　主張の要約（よって書き）

　請求原因の最後に，原告の主張を締めくくり，請求の趣旨と結び付ける要約（「よって書き」）の記載をするのが通例である。

　ここでは，請求原因事実に基づく原告の法律上の主張として，訴訟物を明示し，給付，確認，形成の別と全部請求か一部請求かの別とを明らかにする。さらに，請求の併合があるときには，併合の態様をも示して記載することが望ましい。

　例えば，「よって，原告は，被告に対し，本件消費貸借契約に基づく元金400万円及び本件売買契約に基づく代金200万円，合計600万円並びに上記各金員に対するそれぞれ弁済期の経過した後である平成17年1月1日から支払済みまで民法所定の年5分の割合による遅延損害金の支払を求める。」というように記載する。

　ここで「弁済期の経過した後である」といっているのは，弁済期は以前に到来して既に遅滞に陥っているのだが，便宜切りのよい平成17年1月1日からの遅延損害金を請求している，すなわち一部請求であることを示している。全部請求であれば，「弁済期の翌日である平成○年○月○日から」というように記載する。なお，期限の定めのない債務につき訴状の送達によって履行の請求をし遅延損害金を請求しているような場合，この主張の要約のところで，「訴状送達の日の翌日である平成○年○月○日から支払済みまで……」というように記載し，これによって，遅延損害金請求権の発生要件事実の一つである履行の請求の事実主張の摘示があるとするのが多

くの実務の取扱いである。

「民法所定」とは，ここで請求している遅延損害金が民法419条1項本文，2項，404条に基づくことを示している。元本債務が商事債務であって年6分の割合の遅延損害金を請求している場合には，「商法所定……」とは記載せず，「商事法定利率年6分の割合による遅延損害金」と記載しているのが実務の例である。遅延損害金自体は民法によって規定されているのであって，商法は利率に関してのみ規定している（商514）という理由によるものである。

いわゆる一部請求において，例えば，1000万円の貸金のうち，400万円の弁済を受けたので，残金600万円を請求するという場合，この400万円の弁済を受けたとの主張が，一部請求の訴訟物である残額600万円を特定するために必要であるとする見解もある。しかし，判例は，単なる機械的，数量的な分割に基づく一部請求も請求の特定に欠けるところがないとして許容しているので（最判昭37.8.10民集16.8.1720），この主張は，請求を特定するための主張としては不要であり，主張の要約であるよって書きには，貸金1000万円のうち600万円の請求をすると記載すれば足りる。この場合，訴訟物は1000万円の貸金全体ではなく，そのうちの600万円であるから，400万円の弁済を受けたとの上記主張は，1000万円の貸金が事実の同一性の範囲内で少額に認定されるような場合を除いて，通常，抗弁の先行自白とは解されず，単なる事情にすぎないことになろう。もっとも，一部請求の場合の弁済等について判例はいわゆる外側説に立っているので（最判平6.11.22民集48.7.1355〔29〕），被告が原告主張の400万円の弁済とは別の弁済や相殺等を抗弁として主張したときには，原告のこの主張も抗弁の一部を構成する。

また，例えば，不法行為による損害賠償請求の訴えにおいて，一部弁済を受けたとの主張がされ，原告の合理的意思が，裁判所の認定した損害額が原告の想定した損害額より小さいときは，その認定に係る損害額から弁済を受けた金員を控除した金員を請求する趣旨と解される場合には，この弁済を受けたとの主張は，請求の特定として意味があり，よって書き中に記載する必要がある（最判昭53.7.25集民124.483参照）。

6　請求原因に対する認否

(1)　認否の記載方法

　認否については，被告が，請求原因中どの事実を認め，どの事実を否認し，どの事実は不知なのかを明らかにすべきである。これによって初めて争点が明らかになり，証拠調べをどの事実につきすべきかが定まる。往々原告の主張事実に対して直接認否をすることなく，これと相いれない自己に有利な事実の主張をする被告がある。被告がそのような主張をした場合は，裁判所の釈明により被告の主張を整理し直し，被告のいわんとする事実関係を前提としつつ，請求原因に対応して認否の形に当てはめなければならない。

　認否を記載する方法としては，請求原因事実の全部につき，認める点と否認する点とをそれぞれ一まとめにして記載するのが分かりやすく便利な場合もあるが，「請求原因1項の事実は認める。同2項の事実は否認する。同3項の事実は認める。」と記載する方が，対照して読んで認否をとらえやすい場合が多い。また，この方が認否を書き落とす危険も少ない。

　認否は，正確に，かつ，漏らさず記載するよう常に心掛けるべきであり，そのためには，事実摘示中に記載された原告の主

張する要件事実の一つ一つについて認否が漏れていないかを確かめてみることが必要である。

認否は，原則として，法律効果（権利義務）を生じさせる要件である事実に対してされるもので，生ずる法律効果自体に対してされるものではない。したがって，例えば，「被告が原告から100万円で……を買ったことを否認する。」とすべきであって，いきなり「原告が被告に対し100万円の代金債権を有することを否認する。」とすべきではない。ただし，例えば所有者の不法占有者に対する物件の返還請求訴訟において，被告がその物件について原告の所有であることを認めるような場合は（前述の権利自白である。），「……が原告の所有であることを認める。」というように記載して差し支えない。

なお，顕著な事実については認否の記載は不要である。

(2) 自白

相手方の主張事実を認める陳述である。この場合は「認める。」と記載する。いわゆる先行自白がされ，相手方がこれを援用した場合も，通常はその時間的順序にとらわれることなく一般の自白の場合と同様に，本来その主張責任を負担する者が主張し，これを先行自白をした者が認めたときと同様に記載する。

自白を撤回して否認した場合（不知の場合も同様），その撤回に相手方が同意したときには，単に，初めから否認したものとして記載すればよく，「当初認めたが，その後否認に改めた。」などとその経過を書くことはしない。しかし，自白の撤回につき相手方の同意がないときは（「異議がある。」という陳述がされることが多い。），「初め請求原因3項の事実を認めたが，それは真実に反する陳述で錯誤に基づいてしたものであるから，その自白を撤回し，否認する。」というように書き，自白の撤回には同意がないことを記載する（実務上，「異議がある。」との記

載をすることが多い。)。そして，理由中でこの自白の撤回が有効か否かについて判断する。

(3) 否認

　　相手方の主張事実を否定する陳述である。準備書面において相手方の主張する事実を否認する場合には，その理由を記載しなければならないこととされている（規79Ⅲ）。しかし，判決書の事実摘示における認否の記載に当たっては，否認の場合は，単に「否認する。」と記載すればよく，当事者がそういったからといって，「事実に相違するから否認する。」とか，「原告は……と主張するが，事実は……なのであるから，被告は原告主張事実を否認する。」などと記載する必要はない。ただ「否認する。」とさえいえば，少なくとも，その点についての証拠調べを要することになるという弁論主義の自白法則（法179）の裏返しの観点からは，否認の理由は不要である。当事者は，「原告の主張中被告の従前の主張に反する部分は否認する。」などと主張することがよくあるけれども，これをそのまま記載すべきではない。どこが反するのか，否認の対象を特定し明らかにすべきである。なお，当事者が相手方の主張事実を否定する陳述をした場合に，「争う。」と記載することは妥当でない。

　　具体的な事案において，原告主張の事実に対する全部否認であるか，一部を認め他を否認するのか，又は全部認めて抗弁を主張しているのか，明らかでない場合がある。例えば，原告の消費貸借契約に基づく請求に対して金銭を受け取ったことは認めるが，それは贈与としてであるというのは，事実関係が同一とみられる限り，一部の自白（金銭受領の点のみ）で，残部（返済の合意の点）の否認である。次に，原告の建物売買契約に基づく代金支払請求に対して，建物を買ったことは認めるが，原告の主張するものとは建物が違うというような被告の主張は，

結局全部の否認であろう。これに反し，同じく建物売買契約に基づく代金支払請求に対し，被告が建物は買ったが，代金支払について（未到来の）確定期限が定められていたと主張する場合は，その期限の定めについての主張立証責任は被告にあり，抗弁と考えられる。

　それでは，被告が原告主張の契約の内容は認めるが，その相手すなわち契約の当事者は自分でないと否定しているような場合はどうであろうか。この主張の趣旨が，例えば，第三者Ａが被告の氏名を冒用して契約を締結した場合や被告がＡの使者として意思表示を伝達したにすぎないという場合のように，その契約について被告が意思表示をしたことがないということであれば，それは契約締結の事実に対する否認である。これに対し，被告はＡの代理人として契約の締結に当たったのであって，その契約の法的効果は被告に帰属しないという趣旨であれば，それは，原被告間で申込みと承諾の意思表示がされたけれども，それは代理行為としてされたことをいうのであるから，契約締結の事実については認めているわけである。この場合，代理の成立要件であるＡのためにすることを示したこと（及びＡからその行為について代理権を授与されていたこと）は，代理の法律効果を主張する被告に主張責任がある抗弁事実である。これと異なり，原告が，本人である被告に対し，その代理人Ｂの行為に基づいて被告に生じた義務の履行を求める場合は，代理の要件は，代理の法律効果を主張する原告の側において主張すべきであり，被告がＢは被告の代理人でないと主張することは代理権授与の点の否認となる。

　なお，判決において抗弁と記載するのは，被告に主張責任のある事実に限られる。いわゆる積極否認（売買契約の主張に対して贈与契約の主張をするのは，その一例である。）を抗弁とい

う名の下に被告が主張することもあるが，これを抗弁として摘示するのは誤りである。また，講学上手形抗弁の名で呼ばれている事実なども，ここでいう抗弁に当たるかどうかにつき吟味する必要がある。例えば，約束手形の振出人に対する手形金請求に対し，被告が振出人の署名は第三者によって偽造されたと主張して振出しの効果を争うのは，振出しの否認であって抗弁ではない。

(4) 不知

　相手方の主張事実を知らないとの陳述である。民訴法159条2項によれば，不知と答弁すれば争ったものと推定されるが，それは不知という陳述の法律効果で，事実としてはあくまで不知と答弁しているのであるから，「不知」又は「知らない。」と記載すべきであり，否認したように記載すべきではない。

(5) 沈黙

　請求原因事実に対し被告の認否がされる場合，その態様は，自白，否認，不知のいずれかになるが，被告の態度としては，このほかに，認否をせず沈黙の態度をとることがある。この場合は，弁論の全趣旨から争っていると認められるとき以外は，自白したものとみなされる（擬制自白。法159 I）。擬制自白が成立する場合には，認否欄に「……の点は争うことを明らかにしない。」と記載する方法と，認否欄は空白にしておく方法とがある。なお，いずれの方法を採る場合でも，理由中では，「……の点は被告において争うことを明らかにしないから自白したものとみなす。」というように記載する。擬制自白が成立しない場合には，認否欄に「否認する。」と記載する方法と認否欄は空白にしておく方法とがある。

(6) 被告が複数の場合

　被告が複数の場合には，原則としてその認否も別々に分けて

記載する。しかし，認否の内容が複数の被告についてほとんど同様の場合は，共通する部分については一緒にして書いた方が分かりやすい。

　なお，以上の記載をするに当たっては，それぞれの被告に対する請求原因事実のみについて認否を記載するのであり，他の被告に対する請求原因事実についての認否を記載することのないように留意する必要がある。

(7)　法律上の主張

　例えば，原告が履行不能に当たる事実を主張したのに対し，被告が原告の主張事実は履行不能には当たらないといったような場合，その被告の陳述は単なる法律上の意見の陳述にすぎないものであって，訴訟上の意味はないから，このような被告の主張を具体的な事実認否と同じように記載すべきではない。

　よって書きは，法律上の主張の要約であるから，その認否を記載してはいけない。

(8)　間接事実の主張

　請求原因における間接事実の摘示の要否及びその限度についてはさきに述べたとおりであるが（前記44頁参照），請求原因欄にこのような事実を摘示した場合は，これに対する認否を記載する。

(9)　時機に後れた攻撃防御方法であるとの申立て

　原告の主張を時機に後れた攻撃防御方法であるとして，被告が民訴法157条1項によりその却下の申立てをした場合，その申立てについて独立に決定をしていない限り，判決の理由中でその判断をすることとなるから，その申立てのあったことは「事実」に記載すべきである。記載の位置については，原告のその主張に対する認否の初めに書く方法，その認否の末尾に書く方法などが考えられる。

7 抗弁

(1) 抗弁の記載方法

被告の主張についても，答弁書や準備書面をそのまま引き写せばよいというものではない。

抗弁には，請求原因事実に基づく法律効果の発生を障害する事由として，例えば要素の錯誤，虚偽表示などがあり，法律効果を消滅させる事由として，例えば弁済，消滅時効などがあり，権利の行使を阻止する事由として，例えば同時履行などがあるが，これらの抗弁についてもそれぞれ要件事実があるのであるから，これを漏らすことなく記載すべきである。なお，留置権や同時履行の抗弁のようないわゆる権利抗弁については，この抗弁権の発生原因事実の主張のほか，その権利を訴訟において行使するとの主張が必要である（別冊事実摘示記載例集〔抗弁記載例〕1，18参照）。

抗弁事実の記載について留意すべき点は，請求原因事実におけると変わるところはない。したがって，請求原因の整理，記載について前述したところ（前記35頁以下）は，抗弁の記載に当たっても配慮されるべきこととなる。

なお，抗弁については，それが1個であるか複数であるかにかかわらず，その内容を示す見出しを付けるのが相当である。また，請求原因が複数ある場合には，見出しとともに，その抗弁がどの請求原因に対する攻撃防御方法なのかを記載するのが相当である。

(2) 抗弁記載の順序

請求の全部を排斥する抗弁（全部抗弁）と請求の一部を排斥する抗弁（一部抗弁）とがあるときは，前者を先に記載する。また，相殺の抗弁は他の抗弁の後に記載するのが妥当である。

8　抗弁に対する認否

　抗弁に対する認否を記載するに当たっては，どの抗弁に対する認否であるかが明らかになるように注意して記載すべきである。

9　再抗弁以下

　抗弁事実に基づく法律効果の発生を障害し，いったん発生した法律効果を消滅させ，又は権利行使を阻止する事由についての主張があれば，これを再抗弁として記載する。再抗弁にもその内容を示す見出しを付け，また抗弁が複数ある場合には，どの抗弁に対する再抗弁かを記載するのが相当である。
　再抗弁が主張された場合は，これに対する被告の認否を記載する。
　再々抗弁以下の主張及びこれに対する認否についても，以上に述べたところと同様の考えに従って記載する。

第7　理由（法253Ⅰ③）

1　理由の構成

⑴　理由の基本的構造
　ア　判決書の理由は，まず，請求原因として原告が主張した事実について判示する。請求原因事実に争いがないときはその旨を記載し，争いがあるときは，どの証拠によってどのように認定したか，又はいずれの証拠によっても認定することができないかについて判示する。それが認められるならば，被告が抗弁として主張した事実について同様に判示する。再抗

弁以下についても同じである。このようにして判示したところに対して，法律判断を示せば足りるのである。このような判断の経路を，要件事実を念頭に置き，用語にも注意して，平易な表現によって簡潔に記載することが肝要である。

イ　理由では，「事実」に記載したものを基礎として判断していくのであって，「事実」中に主張として記載されていない主要事実が，理由中に出てくるようなことがあってはならない。これと反対に，当事者の主張した主要事実を「事実」に記載しておきながら，理由において論理上その事実について判断する必要があるのに，これを判断しないことは許されない。

　　当事者の主張が主張自体失当と考えられるときでも，これを主張として「事実」中に記載したときは，理由中でその点についての判断を示すべきである。

　　なお，前述のように，間接事実は，「事実」中に記載しないのが普通である（前記44頁参照）から，主要事実の判示のために必要な間接事実は，理由中で初めて現れることになる。

ウ　併合事件について判決する場合，争点が各事件に共通であるときは，これに対する理由の説明は，必ずしも各別にすることを要しない。また，反訴の請求原因事実が本訴の抗弁事実と同一であるときは，これと同様に，理由の説明を別々にする必要はない。

エ　訴訟上主張されているすべての請求及び請求原因事実について，漏らさず判断するように注意すべきである。例えば，金員の支払請求訴訟において，主たる請求のほか，これに附帯する損害金の請求があるときは，損害金の請求に対する判断を落としてはならず，これを認容する場合には，その請求の原因となる要件事実についても判断することを忘れてはならない。したがって，期限の定めのない債務が催告によって

遅滞となり，その結果損害金が発生したものと判断される場合は，必ず催告の日を判示しなければならない。

　理由の記載が不十分であったり，矛盾していたりすると，判決に理由を付せず，又は理由に食違いがあるとされる（法312 II ⑥）。

注　理由に不備ないし食違いがあるとした若干の判例を参考までに挙げる。

① 最判昭29.4.2民集8.4.794〔37〕

　係争建物の各部分を各独立の占有者として占有している者に，何らの説示なく，共同不法占有者として建物全部の賃料相当額の連帯支払を命じた例

② 最判昭37.3.9民集16.3.514〔27〕

　延滞賃料額7353円に対し，2万9930円としてした催告の無効をいうためには，催告額全額の提供を受けなければ債権者が受領を拒む意思を有したことの認定が必要なのに，その認定をしなかった例

③ 最判昭47.4.21民集26.3.567〔10〕

　甲船と乙船の衝突事故において，衝突時の両船の大きさ・速力・船首方向・衝突個所・損傷程度と乙船の沈没地点とを総合すると，特段の事情がない限り，衝突地点は別の位置となるはずであるのに，この特段の事情の認定をしないまま原判示の地点を衝突地点として認定した例

④ 最判昭57.6.17集民136.89

　手形の振出人が，不渡届に対する異議申立手続を怠った銀行の債務不履行により手形金の支払を余儀なくされ，手形金相当額の損害を被ったといえるためには，振出人が手形所持人に対して手形金の支払義務を負っていなかったことが必要なのに，その判断をせずに損害の認定をした例

(2)　判断の記載順序

　ア　主文を導くために必要にして十分な事項についての判断を，論理的順序に従って記載する。これは原則として，請求原因，抗弁，再抗弁という事実摘示の順序に一致する。ただし，数

個の抗弁があり，そのうちの一つに対して再抗弁が提出され
ている場合に，この抗弁の判断を他の抗弁の判断に先行させ
るときは，この抗弁の判断に続いて再抗弁の判断をし，その
後に他の抗弁の判断をすることになる。

　例えば，原告が被告に対し，売買契約に基づく代金の支払
請求をする事件において，請求原因，抗弁，再抗弁が下図の
とおりであり，要素の錯誤の抗弁の判断を契約の解除の抗弁
の判断に先行させる場合には，判断の記載順序は，図の①か
ら④の番号の順序によることとなる。

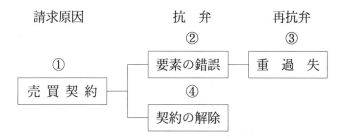

イ　請求原因の要件事実がａ，ｂ，ｃと複数ある場合に，そのう
　ちの一つ（ｃ事実）が認められないとして請求を棄却すると
　きには，請求原因の事実摘示の順序にかかわりなくｃ事実の
　判断に入る方法と，事実摘示の順序に従い，ａ，ｂの事実を認
　定した上でｃ事実の判断に進む方法とがある。

　　また，請求原因の要件事実がａ，ｂ，ｃと複数あり，直接的
　にはそのうちの一つ（ａ事実）について抗弁が提出されてい
　る場合には，ａ事実の判断に続いて抗弁を判断し，この抗弁
　が認められないときにｂ，ｃの事実の判断に進む方法（抗弁
　が認められるときにはｂ，ｃの事実については判断しない。）
　と，まずａ，ｂ，ｃの事実を判断し，これらの事実がすべて認
　められるときに初めて抗弁の判断に進む方法とがある。例え
　ば，契約の履行不能による損害賠償請求事件において，被告

が要素の錯誤によって契約は無効であるとの抗弁を提出している場合に，前者の方法によれば，請求原因事実中の合意の成立の判断に次いでこの抗弁を判断し，要素の錯誤が認められないときに，履行不能，損害の発生，損害額という順序で判断していくことになり，後者の方法によれば，合意の成立，履行不能，損害の発生，損害額のすべてが認められることを判示した後に要素の錯誤の抗弁を判断することになる。

請求原因の要件事実が複数ある上記の各場合に，いずれの方法によるかは，それぞれの事案に応じて決しているのが実務の例であるが，請求原因を構成する複数の要件事実全体によってその法律効果の発生が基礎づけられ，抗弁はその請求原因の法律効果を排斥する主張であることからすると，基本を修得すべき修習生としては，まず請求原因の要件事実をすべて判断し，これらが認められるときに初めて抗弁の判断に進む方法が相当である。

ある抗弁の要件事実が複数あり，そのうちの一つについて再抗弁が提出されている場合もこれに準ずる。

ウ　数個の抗弁がある場合，原告を勝訴させるには，すべての抗弁を排斥しなければならず，各抗弁に対する判断の順序は裁判所の自由であるが，原告を敗訴させるには，どのような種類の抗弁であれ，全部抗弁である限り，いずれか一つの抗弁を採用すれば足りるから，複数の抗弁に対する判断をする余地はない。

権利の濫用，信義則違反等の一般条項に基づく抗弁は，全部抗弁のうちの最後に判断をするのが相当である場合が多い。

全部抗弁と一部抗弁とがある場合（例えば，要素の錯誤の抗弁と，一部弁済や同時履行の抗弁とがあるようなとき）は，全部抗弁をすべて排斥する判断をした後，一部抗弁に対する

判断をすべきである。

　　相殺の抗弁は，それが認められると，その判断に既判力を生じ（法114Ⅱ），被告の不利益となるから，原則として他の抗弁をすべて排斥した後に判断することになる。

2　事実の確定

(1)　証拠を要しない場合
　ア　自白した事実
　　　当事者間に争いのない主要事実は，そのまま判断の基礎としなければならない（法179）。争いのないことを無視して証拠で認定することは，不要であるばかりでなく，違法なことである。ただし，弁論主義が制限され，自白法則の適用されない離婚事件等の人事訴訟事件（人訴19）などでは，自白がされたとしても，必ず証拠による認定を要するし，自白と異なる事実を認定しても違法にならない。また，間接事実についての自白には裁判所に対する拘束力がないから，自白と異なる事実を認定しても違法とはならないが，必ずしも証拠によって認定する必要はなく，自白によってそのまま判断の基礎とすることが許される（なお，文書の成立に関する自白については後記71頁参照）。

　　　争いのない場合，例えば，被告が原告主張事実を自白した場合には，「請求原因事実は，すべて当事者間に争いがない。」とか，「再抗弁１項の事実は，当事者間に争いがない。」というように記載する。

　　　被告が原告主張事実を争うことを明らかにしなかったため，自白したとみなされる場合（法159Ⅰ）には，「被告は，請求原因１項中……の事実を（又は「請求原因事実を，……の点

を除き，」）争うことを明らかにしないから，これを自白した
ものとみなす。」と記載する。

　なお，理由中で「……の事実は，当事者間に争いがない。」
と記載する場合は，その事実及びこれを認めるとの陳述が
「事実」中に現れていなければならない。

　イ　顕著な事実

　　顕著な事実も証拠によって認定する必要がない（法179）。
しかし，これは，その事実について立証責任を免除しただけ
であって，主張責任までも免除したのではないから，当事者
が主張しない主要事実については，裁判所がこれを判断の基
礎とすることはできない。

　　顕著な事実であることは，事実認定の理由として，判決理
由中に説示しなければならない。通常これについては，「……
の事実は，当裁判所に顕著である。」と記載する。例えば，平
均余命の年数，労働者の平均賃金の額等は，反対説もあるが，
顕著な事実とする実務の例が多いようである。

　　なお，裁判所がその訴訟で職務上認識している事項，例え
ば，訴状や準備書面の送達，訴訟における形成権の行使など
は，訴訟上の出来事と呼ばれることがあるが，これは顕著な
事実の一種である。そのうち，訴状送達の日を判示するには，
「訴状送達の日であることが記録上明らかな平成○年○月○
日」というように記載するのが通例である。

(2)　証拠によるべき場合

　ア　事実認定

　　民事訴訟では，一般に証拠能力について制限はないと考え
られている（なお，法188，352などに留意）。例えば，刑事訴
訟におけるような伝聞証言の証拠能力の制限（刑訴320）は，
民事訴訟には存在せず，単に証言の証拠価値を判定する場合

に，伝聞であるか否かを考慮できるというだけである（最判
昭27.12.5民集6.11.1117）。

　裁判官は，取り調べた証拠の証明力を評価し，口頭弁論に
現れた一切の模様，状況をも考慮しながら，要証事実の存否
について自己の判断を形成していく。証拠の証明力の評価に
ついては裁判官の自由な判断にゆだねられている（法247）
が，裁判官の自由な判断といっても，裁判官の恣意を許すも
のではなく，それは経験則，論理法則にかなっていなければ
ならない。

　経験則，論理法則にかなった誤りのない事実認定をするた
めの心構えとして基本的なことは，当事者間に争いのない事
実及び客観的な証拠によって確実に認定し得る事実から事件
の大きな枠組みを把握し，その枠組みの中に個々の争点を位
置づけた上，これを踏まえて各争点についての証拠を吟味す
ることである。

　一般に，書証を人証に比べてその信用性が極めて高いとす
る考え方もないではないが，自由心証主義の下では，証明力
について書証と人証との間に定形的な差異はないといってよ
い。書証の証明力も，その文書の性質，記載内容，体裁など
によって吟味され，必要に応じ，他の証拠や弁論の全趣旨に
照らして検討されなければならない。手形や遺言書のような
処分証書にあっては，その性質上，形式的証拠力が認められ
れば，文書の記載内容となっている法律行為が作成者によっ
てされた事実が証明されたことになる。

　人証については，供述に伴う多くの誤びゅうの可能性を念
頭に置いて，以下に述べる諸点に常に注意しつつ，その正し
い評価に努めなければならない。

　証言の信用性を評価するためには，まず，その証人が，直

接にその事象を認識したか，それとも，他人からの伝聞によって，あるいは他人の伝聞をも交えて，その事象を認識したかを確かめておくことが重要である。証人は，しばしば自らの認識と伝聞とを混同し，あるいは両者を区別しないで陳述することがあるからである。

証言の内容を検討する場合には，①証人が真実を述べようとする主観的な誠実さを有しているか，②証人が証言の対象である事象をどのような状況の下で認識したか，またこれを認識する能力を備えていたか，③証人の記憶能力，記憶時の状況，記憶の対象の性質はどうか，④記憶を正しく再生し，裁判所に対し正確にこれを伝える能力があり，かつ，実際に伝達したかなどの諸点について，証言に誤びゅうの生ずる可能性を逐一確かめる心構えが必要である。例えば，主観的には非常に誠実な証人でも，その知覚，記憶，表現等の能力の欠陥のために，善意かつ無意識に誤った証言をすることもある。また，宣誓した証人の証言であっても，当然に安心して信用することはできない。遺憾ながら，民事事件においては，宣誓した上で偽証する者が少なくないからである。

証言の信用性を確かめるためには，証言の内容との関係で，証人の年齢，職業，教養，社会的地位などが重要な参考となるが，特に，証人の主観的誠実性を判定するためには，証人がその事件について有する利害関係，当事者との関係（友人関係，親族関係，職業上の従属関係など）にも考慮を払わなければならない。さらに，証人が，当事者その他の利害関係人から，証言の内容について，あらかじめ何らかの不当な暗示又は誘導などを受けた疑いがないか，その供述が不当な誘導質問によって引き出されたものではないかなどの点も検討することが望ましい。例えば，どのような質問の形式によっ

てその供述が引き出されたか，あるいはどのような内容の文書をどのような方法で示されつつ陳述したかなどの点に注意すべきである。

　証人が真実を述べたか否かを判断する上で，証人の証言中の挙措動作，例えば，言葉を濁したとか，顔を赤らめたとかいったことが，しばしば重視される。これは，証人尋問の実施の過程において裁判官が認識する補助事実であって，これを証言の評価のために用いてよいことはいうまでもない。ただし，その価値を過大視することは危険である。例えば，まじめな証人でも，初めての法廷の経験に緊張する余り，一見混乱した供述をしているような印象を与える場合が少なくない。逆に，鉄面皮な証人が平然と虚偽の証言をすることもしばしばみられる。

　証人の挙動も重要ではあるが，その証言の内容が他の証拠や間接事実などと符合し，又は首尾一貫しているか否かによって，その証拠価値を判定することが，それ以上に重要である。例えば，成立に争いがなくその内容にも不合理な点の見られない書証の記載や間接事実と照らし合わせて，証言の内容が，それらと矛盾しないかどうかを検討することが必要である。結局，その証言の内容自体からみても，他の証拠と対比してみても，健全な良識を持つ一般人の経験則に照らして合理的にうなずける内容のものであるか否かが，証言を評価するための最も重要な基準といえるであろう。

　このようにいっても，例えば，幾つかの証言の内容が符合したからといって，当然にその証言を信用すべきだというわけではない。証人の目撃した事象の性質や目撃時の状況によっては，多くの人の証言の内容が完全に一致していること自体がかえって証言の内容に疑いを持たせる場合もあり得る

し，また，余り微細な点まで複数の証人が一致した供述をすることがかえって作為の存在を疑わせることもあるのであって，そのような場合には，証人同士の打合せの可能性なども考慮し，その点について他の証拠による検討を怠ってはならない。

　民訴法は，証人及び当事者本人の尋問を行うときは，まず証人の尋問をすることとされている（法207Ⅱ本文）が，このことは，証人の証言の証拠価値と当事者の供述の証拠価値との間に，法律上の差異を設ける意味ではない。法律上は当事者であっても，事件については，さしたる利害関係を持たない場合もあれば，逆に証人でも当事者と同様の利害関係を持つ場合がある。さらに，当事者本人は事実関係をよく知っている場合が多く，当事者の供述が証人の証言に比べて信用性が乏しいとは必ずしもいえない。要するに，個々の場合に応じて証人の証言の場合と同様にすべての事情を考慮して，その証拠価値を判定するほかはないのである。

　証人の証言や当事者の供述の評価については，結局において経験の集積によってより正しい評価ができるようになるよう努めるほかはないであろうが，同時に，従来の判決例の理由中に示されたそれらに対する評価についての経験則や供述心理学の成果などにも注意を怠らない心構えが必要である。

　民訴法247条は，証拠調べの結果と並べて口頭弁論の全趣旨を事実認定の資料として挙げている。理論上は，弁論の全趣旨が証拠調べの結果に対して補充的なものというわけではないから，証拠調べをしないで弁論の全趣旨のみによって争いのある事実を認定することも全く不可能ではない。しかし，主要事実については，弁論の全趣旨のみで認定できることは少ないから，このようなことはほとんど行われていない。

イ　説示の方法

　(ア)　原則

　　　事実を認定できるか否かの説示は，判決理由の中心部分
　　ともいうべく，特に細密な注意をもってこれに当たるべき
　　であり，これをどの程度具体的に記載するかは，それぞれ
　　の事案に応じて精粗の度合いに差があってよいが，いやし
　　くも争点についての判断を遺脱するようなことがあっては
　　ならない。

　　　当事者の主張内容は，事実摘示において明らかになって
　　いるのであるから，理由中で一々「原告は……と主張する
　　のでこの点について判断すると……」などというように，
　　当事者の主張を繰り返して詳しく記載する必要はない。ま
　　して，ある主張事実が争いのある事実かどうかは，事実摘
　　示で明らかなのであり，争いがあるからこそその判断をす
　　るのであるから，「被告は……と抗弁するのに対し，原告は
　　これを争っているから，判断する。」などとわざわざ断るの
　　は余計なことである。しかし，例えば，数個の抗弁があっ
　　て紛らわしいようなときは，「抗弁1（虚偽表示）について
　　判断すると……」というように記載すると分かりやすい。

　　　証拠による認定の対象は常に事実であるから，「証人A
　　の証言によれば，原告が……の債務を負っていることが認
　　められる。」というように，証拠からいきなり法律効果（権
　　利義務）を認めてはならない。証拠→事実→法律効果とい
　　う段階を踏んだ判断をすべきである。このことは，法律効
　　果ないし権利義務を否定するときも同様であって，例えば，
　　契約解除を証すべき証拠はないなどとすべきではなく，解
　　除権行使の要件事実である解除の意思表示の到達の事実を
　　証拠上認めることができないというように判示すべきであ

る。

　事実の認定について説示をするに当たっては，ある当事者が立証責任を負う事実について，それが証拠によって認められるか又は認めるに足りる証拠がないかの説示をすれば十分であって，要証事実の不存在や反対事実の存在を認定できるなどと説示する必要はない。要証事実の不存在や反対事実の存在は立証命題ではないから，これらが認められる場合であっても，原則として，その存否が不明な場合と同一の表現で判示するのが相当である。もっとも，事案によっては，要証事実の不存在又は反対事実の存在を認定することが望ましい場合もある。この場合には，「……を認めるに足りる証拠はない。」の次に，例えば，「かえって，証人Ａの証言によれば，原告主張のような契約は締結されなかったことが認められる。」とする。しかし，通常このような事実の認定は必要ではないのみならず，認定を誤る危険が伴いがちであるから，初心者は避けた方が無難である。

　裁判官は自由な心証によって証拠を取捨判断するものであって，その証拠の取捨については，一々その理由を判決に示す必要はない。すなわち，裁判所は，証拠の内容をいかなる事由によって真実と認めたかを理由で判断することは訴訟法上要請されていない（最判昭26.3.29民集5.5.177）。また，当事者の提出した証拠を採用しない場合に，その旨を判文中に明示することは必ずしも必要ではなく，採用しないと明示した場合でも，採用しなかった証拠について採用しない理由を一々判示することも必要ではない（最判昭32.6.11民集11.6.1030〔55〕）。証拠の取捨について一々その理由を示す必要がないというのは，例えば，証言の場合についていえば，裁判所は，通常その証人の性

格，経歴，能力，証言の際の挙動，認識時の状況，当事者との関係，その他一切の資料を総合考慮して証言の信用性を判定しなければならないため，このような複雑微妙な心証形成過程の内容を具体的に判示するよう要求することは不可能であることが多いことに基づく。事案によっては，証拠の取捨の理由を明示することが妥当なこともあるが，その場合には，後記80頁や84頁に記載のような判示をすることになる。

(イ) 証拠の挙示の仕方

証拠関係については，訴訟記録中の書証目録及び証人等目録の記載に基づいて，事実認定に必要な証拠を挙示していく。

証拠調べが実施された証拠だけが証拠になるのであって，申出をしても却下された証拠や，一度申出がされたが証拠調べに至らないうちに申出が撤回された証拠などは挙げない。法廷外において証拠調べが行われた場合には，その結果が口頭弁論に上程されることが必要であり，上程された証拠のみを記載する。その上程の方法としては，口頭弁論期日において，当事者（証拠の申出をした当事者に限らない。）がその証拠調べの結果を証拠資料とする旨を陳述することを要するとする説と，裁判長が証拠調べの結果を口頭弁論に顕出すれば足りるとする説とがある。

ある事実の認定について説示するに当たっては，証拠は，認定すべき事実との関係において，個別的具体的に摘示する。「本件全証拠によれば」とか，「証人Ａの証言等によれば」というような，漠然とした概括的な記載をしてはならない。もっとも，その証拠の標目を示せば足り，証拠の内容を摘示することは必要ではない（大判大7.7.15民録

24.1453)。

　挙示すべき証拠が複数のときは，原則として，書証，人証（証人，本人〔代表者，法定代理人〕），鑑定，検証，調査嘱託，鑑定嘱託の順に記載し，例えば，「成立に争いのない甲第1号証，証人Aの証言により真正に成立したものと認められる（又は「成立の認められる」）乙第1号証，同証言及び原被告各本人尋問の結果を総合すれば」のように記載するのが一般である。もっとも，認定事実との関係で重要度の高いものから順次記載する例もある。

　証拠の挙示の仕方は，おおむね次のとおりである。

a　書証

　書証を挙示する場合には，書証の表題や記載内容を示さず，「甲第1号証」のように記載する。甲号証が第1から第5まであれば，「甲第1ないし第5号証」というように記載するのが例である。「被告提出の乙第○号証」とか，さらには「準備書面添付の甲第○号証」などという説明を付けるべきではない。

　なお，「甲第2号証の1，2」とか「甲第5号証の1ないし3」というように枝番号を付けて書証が提出されることがある。このような場合には，「甲第1号証，第2号証の1，2，第3，第4号証，第5号証の1ないし3」というように，枝番号がどの書証についているか分かるように記載するのが例である。

　実務では，当事者が文書の送付嘱託を申請し，その結果取り寄せられた文書の全部又は一部が当事者から甲号証又は乙号証として提出されることがある。この場合にも，単に「甲（乙）第○号証」とのみ記載すればよく，この甲号証又は乙号証が提出されるに至った上記のよう

な経過は記載する必要はない。

書証の記載内容を事実認定の資料とするときは，その書証の成立が真正でなければならない。そして，事実認定の証拠として書証を挙示する場合には，書証の成立が真正であること及びその理由を示す必要がある。なお，1個の書証中に数個の作成名義人がある場合は，各作成名義ごとにその成立を判断しなければならない。

書証の成立に関する当事者の主張を相手方が認めるときは，証拠に基づかないでその成立の真正を認めることができるとされているから，通常「成立に争いのない甲第1号証」又は「甲第1号証（成立に争いがない。）」というように記載する。もっとも，書証の成立についての自白は裁判所をも拘束するものではないから（最判昭52.4.15民集31.3.371〔15〕），裁判所が証拠によってその成立を否定することは許される。

成立に争いのあるときは，成立の真正が証明されなければならないが，民訴法228条以下に若干の推定規定がある。

① 公文書

官吏その他の公務員が職務上作成したと外観上認められるときは，真正な公文書と推定される（法228Ⅱ）。ここにいう推定の語は，厳密な意義の法律上の推定ではなく，それによって一応の心証が得られるという経験則を言い表したもので，裁判所の認定の1つの基準であると説かれている。したがって，その成立を争う者は，それにつき偽造，変造等の疑いがあるとの反証を挙げる必要がある。この推定によって書証の成立を認めるときは，例えば，「その方式及び趣旨により公務

員が職務上作成したものと認められるから真正な公文書と推定すべき甲第1号証」と記載する。

② 私文書

私文書の成立について争いがあるときは，その真正であることが立証されなければならない（法228Ⅰ）。

私文書の成立を証明する証拠がある場合は，例えば，「証人Aの証言により真正に成立したものと認められる甲第1号証」というように記載する。

成立を証明する証拠がない場合に，弁論の全趣旨により成立を認めるときは，「弁論の全趣旨により真正に成立したものと認められる甲第1号証」などと記載する。

書証全体の成立については争いがあるが，その書証中に存する本人又はその代理人の署名又は押印が真正なものであることについて争いがないか，それが証明されたときは，反証のない限りその書証全体の成立が真正と推定される（法228Ⅳ）。この推定の意義も，公文書について前述したのと同様である。この場合には，「甲第1号証の被告の氏名については，被告本人尋問の結果によって，これが被告の自署によるものであることを認めることができるから，真正に成立したものと推定すべき甲第1号証」のように挙示する。押印の真正が争われていても，その印影がその者の印章によって顕出されたものであることについて争いがないか，それが証明されたときは，反証のない限りその印影はその者の意思に基づいて顕出されたもの（真正な押印）と事実上推定することができ，その結果民訴法228条4項の推定をも受け得ることとなる（最判昭39.5.12民集

18.4.597〔33〕)。この方法によって成立を認めるとき
は，例えば，「甲第1号証の被告名下の印影が被告の印
章によるものであることは当事者間に争いがないので，
その印影は被告の意思に基づいて顕出されたものと推
定されるから，真正に成立したものと推定すべき甲第
1号証」と記載すべきであろう。

　民訴法229条1項の「筆跡又は印影の対照」によって
その署名押印の真正を認め，この推定法則を適用する
ときは，「甲第1号証の被告の氏名が被告の自署による
ものであることは証人Aの証言により明らかであり，
これと甲第2号証の被告の氏名とを対照すると，その
筆跡は同一であることが肯認できるので，甲第2号証
は真正に成立したものと推定し……」などと記載する。

　1個の書証中に複数の作成名義人がある場合は，例
えば，「A作成部分についてはその成立につき当事者
間に争いがなく，B作成部分については証人Bの証言
により真正に成立したものと認められる甲第1号証」
又は「甲第1号証（A作成部分の成立は当事者間に争
いがなく，B作成部分は証人Bの証言により真正に成
立したものと認められる。)」というように記載する。

注　このように，書証の場合には，その成立の真正について
　　の判断が必要で，しかも成立に争いがないときや，相手方
　　がその成立を争うことを明らかにしないときは証明を要し
　　ないこととされているから，書証の成立について争いがあ
　　るかを確認し，認否が明示的にされた場合には，その認否
　　を書証目録に記載する。この場合，認否は書証の成立に対
　　してされるものであり，その記載内容を真実と認めるか否
　　かとは関係がない。否認の場合は，さらに署名押印につい
　　ての真否や，印影が真正の印章によるものか否かについて

の認否も求め，これを書証目録に記載することが多い。例えば，原告名下の印影が原告の意思に基づき顕出されたものであることを認めるときは，成立を否認し押印は認めることを書証目録に記載し，原告名下の印影が原告の印章によるものではあるが，原告の意思に基づくものではないと主張するときは，成立を否認し原告名下の印影が原告の印章によるものであることは認めるとの記載をする。印影が原告の印章によることも否認するときは，単に成立を否認するとの記載をする。また，文書の成立を否認するときはその理由を明らかにしなければならないから（規145），その場合には，書証目録にも，上記のような成立や署名押印，印影についての認否のほかに，「本文書は被告が偽造した。」とか，「Aが原告の実印を冒用して偽造した。」などと否認の理由も記載する。

1個の書証で，部分部分によって作成者が異なる場合は，各部分ごとに作成者を明確に意識して正確に認否をさせる必要がある。例えば，1通の契約書でも，主債務者の作成部分の成立は認め，保証人作成部分の成立は否認するという場合がある。また，手紙の封筒が提出された場合も，郵便局の日付印の部分（郵便官署作成）と他の部分（差出人の作成）とは分けて認否すべきであるし，公正証書の原本が書証として提出された場合にも，公証人の作成部分と嘱託人の作成部分とに分けて認否する。

ところで，文書の提出は，原本，正本又は認証のある謄本でしなければならない（規143Ⅰ）。文書の提出を単なる写しの提出によって行うことは不適法であるが，原本の焼失・紛失などの理由により原本を提出することができない場合もあり，一定の条件の下で写しを提出して書証の申出をすることも認められている。

例えば，領収書の原本が挙証者の手元になく，その写ししかない場合を考えてみよう。

一つは，原本の提出に代えて写しを提出する場合である。領収書の原本の存在と成立に争いがなく，相手方が写

しをもって原本の代用とすることに異議がないときは，領収書の原本の提出に代えて写しを提出することができると解するのが一般的である（大判昭5.6.18民集9.609）。この場合，証拠調べの対象となるのはあくまで領収書の原本であり，原本の存在及びその成立を認めるとの認否をするのが実務例である。

　他の一つは，写しを原本として提出する場合である。この場合には，領収書の写しそのものが証拠調べの対象であり，写し自体の成立がまず問題となるが，挙証者としては，通常は，写しの元になった領収書の原本の記載内容を要証事実としているから，単に写しの成立にとどまらず，領収書の原本の存在と成立についても主張することになる。そして，写しの成立のみならず，領収書の原本の存在及びその成立について争いがなく又は証明されたときは，その写しは原本と同じ証明力を有することになるから，写し自体の成立と原本の存在及びその成立について認否するのが通例である。

なお，図面，写真，録音テープ，ビデオテープその他の情報を表すために作成された物件で文書でないものも，文書に準ずるものと扱われる（法231，規147）。これらを文書に準ずるものとして取り調べた場合には，書証に準ずるものとして証拠を挙示することになる。例えば，写真については，「平成〇年〇月〇日当時の本件事故現場の写真であることに争いのない甲第1号証」などと記載する。この場合は，挙証者が主張する被写体，撮影時期，撮影者について認否をする。

b　人証
① 　証人
　証人の証言によって事実を認定する場合には，「証人Aの証言によれば，……の事実を認めることができる。」と判示すればよい。

書面尋問（法205）により証人から尋問に代わる書面（回答書）が提出された場合には，証拠調べの方法としては書証に準ずるものと扱われるところから「証人Aの供述書」などと挙示する。

② 当事者本人，代表者

当事者本人又は代表者の尋問の結果により事実を認定するときには，「原告本人尋問の結果によれば，……の事実が認められる。」又は「被告代表者尋問の結果によれば，……の事実を認めることができる。」のように判示する。

同一の証人又は本人の尋問がいったん終了した後に再度採用決定がされてその取調べがされた場合，そのことを明らかにするため，「証人A（第1，2回）」のように記載する（第1，2回というのは，その尋問の行われた口頭弁論期日の回をいうのではないことに注意する。）。

受命裁判官や受託裁判官によって証人尋問をした場合でも，証拠となるのは証人の証言そのものであって証人調書ではない。この場合，「嘱託に係る証人A」などとは書かず，単に「証人A」と書く。このことは，裁判官の交代により更新手続が行われた場合の更新前の証言及び弁論が併合された場合の併合前の各事件における証言についても同様である。

なお，当事者多数の事件で，ある当事者について本人尋問があった後にその当事者について，弁論が分離されたような場合でも，その本人尋問の結果の証拠としての性質に変わりはなく，これが証言に変わるわけではない。また，証人として尋問を受けた者がその後

参加により当事者となった場合でも，その供述は，依然証言であり，本人尋問の結果に変わるわけではないことに注意を要する（大判昭10.4.30民集14.1175）。前者の場合には，「分離前相（共同）原（被）告A」，後者の場合には単に「証人A」と記載する。

c　鑑定

鑑定人の意見は書面によることが多いが，その場合でも，事実認定の資料となるのは鑑定書ではなく，鑑定の結果であるから，「鑑定の結果」と記載する。

d　検証

検証の結果が事実認定の資料になるのであるから，「検証の結果」というように記載する。

e　調査嘱託，鑑定嘱託

調査嘱託，鑑定嘱託の結果が事実認定の資料になるのであるから，「調査嘱託の結果」，「鑑定嘱託の結果」というように記載する。調査嘱託に対する回答が文書でされている場合にも，その回答内容自体が証拠になるのであって，改めてその文書が書証となるのではない。

f　弁論の全趣旨

口頭弁論の全趣旨も事実認定の資料になり得る（法247）。弁論の全趣旨とは，釈明処分として行われた検証，鑑定，調査嘱託の結果など（法151）を含めて，審理過程において現れた一切の模様，状況から証拠調べの結果を除いたものを指す。当事者の主張そのものの内容及びその主張の態度はもちろん，その他その場合における訴訟の情勢からみて，ある主張をし，若しくはある証拠を申し出るべきはずであるのに全くこれをせず，又は時機に後れてこれをしたこと，初めは争うことを明らかにしな

かったが後に至って争ったこと，裁判所又は相手方の問
いに対し釈明を避けたことなどの事柄がこれに当たる。

(ウ)　説示の要領

〔事実を認定することができる場合〕

　要証事実について，事実を認定できるときは，事実認定
の基礎となった証拠又は弁論の全趣旨を挙げて説示する。

　その説示は，争点ごとに証拠を挙げて判断をするのが適
当である。これとは反対に，数個の争点を一まとめにし，
これに対応する証拠も一まとめに掲げて，長々と事実認定
をするのは，証拠と認定事実との結び付きがあいまいに
なってしまい，適当とはいえないが，実務ではこのような
方法も，ときに見受けられる。例えば，売買代金の請求に
おいて，売買契約の成立及びその履行が否認されているよ
うな場合，まず最初に，ほとんど全部の証拠を掲げ，「(証
拠)によれば次のような事実が認定できる。」として，以下
歴史的順序を追って物語風に，原被告が知り合って，売買
の交渉を始めてから，目的物の引渡しに至るまでに当たる
事実を，要件事実としての合意そのものなのか，その合意
を推認すべき間接事実なのか，又は単なる事情なのかの区
別もなしに認定し，「以上の認定事実によれば，原被告間に
売買契約が成立しその履行がされたと認めるのを相当とす
る。」と説示するものがある。それは，前述のように，証拠
と認定事実との具体的な結び付きがあいまいになるという
欠陥を持つとともに，不必要な事実を認定するという無駄
を生ずるし，要件事実の判断を落とす危険もないではない
から，やはり，一般に行われているように，要件事実ごと
に証拠を挙げて確実に認定していくやり方がよい。

　事実の認定に当たっては，その根拠となる証拠を示す必

要がある。何らの証拠も引かずに，いきなり「……である。」とか「……と認める。」と判示したり，ある事実の存在を当然の前提として「……の事実によれば」と判示することは厳に慎むべきである。

　証拠の挙示と認定事実の判示の順序は，通常は証拠を先に，認定事実を後にし，「（証拠）によれば……の事実が認められる。」とする。認定事実が簡単なときは，「……の事実は，（証拠）により認められる。」としてもよい。

　認定の対象である事実は，具体的に判決書だけからその内容が分かるように記載すべきであって，例えば，「甲第1号証のような内容の契約を締結したことを認める。」というように判決書以外の書証や書面などを引用して判示すべきでないことは，事実摘示におけると同様である。

　具体的説示の方法は，主要事実を証明する直接証拠があるか否かに対応して，次の二つのパターンがある。

a　直接証拠により主要事実を認定できる場合（直接認定型）

　　要証事実である主要事実について，これを認めるに足りる直接証拠があるときは，その直接証拠のみを挙げて，端的に事実を認定する。例えば，契約締結の際に作成された契約証書や，契約締結に直接立ち会った証人があるときには，「証人Ａの証言により真正に成立したものと認められる甲第1号証及び証人Ｂの証言によれば，請求原因1項記載の売買契約が締結されたことが認められる。」とする。証人Ａの証言が書証の成立の真正を認める証拠であるとともに，売買契約の事実を認める証拠でもある場合には，「証人Ａの証言及びこれにより真正に成立したものと認められる甲第1号証によれば，……」

と記載する例も多い。そのような直接証拠のほかに間接証拠（例えば，上記売買を原因とする所有権移転登記の記載のある登記事項証明書）があり，それによって認定された間接事実から主要事実を推認できる場合でも，間接証拠やそれによって認定される間接事実を示す必要はない。もっとも，間接証拠によって認定される間接事実（補助事実）が直接証拠の証拠価値を高め，その結果要証事実を認めるに足りるものとなるときには，間接証拠や間接事実をも示すのが妥当であろう。

　これといった反証もない場合は，その点について何ら説示をする必要はない。もっとも，事実の認定をした後に，「上記認定を覆すに足りる証拠はない。」と記載する例もある。

　反証としての証言はあるが，それを信用することができないというときは，通常，事実認定の判示の後に「上記認定に反する証人Ａの証言は信用することができない。」などと記載する。不採用の理由は原則として判示する必要がないが，例えば，その争点が重要な争点である場合には，この点についての判示をすることが妥当であろう。その場合には，「上記認定に反する証人Ａの証言は，あいまいな点が多く，首尾一貫しないので信用することができない。」とか，「証人Ｂは，……である旨を証言するが，証人Ｃの証言から認定できる……の事実に照らすと，これを信用することができない。」のように判示する。

　反証としての書証があるが，その記載内容が信用できない場合には，成立についての判断を示すまでもなく，例えば「上記認定に反する乙第１号証は採用することが

できない。」と記載する。不採用の理由は，原則として判示する必要がないが，書証の記載及びその体裁から，特段の事情のない限り，その記載どおりの事実を認めるべきである場合に，何ら首肯するに足りる理由を示すことなくその書証を排斥するのは，理由不備の違法を免れない（最判昭32.10.31民集11.10.1779〔101〕）。また，書証の成立の真正が証明されないことを理由に排斥する場合には，例えば，「乙第1号証は，真正に成立したことを認めるに足りる証拠がないから採用することができない。」と記載する。

> 注　一般に，理由中で証言を「信用する」とか「信用しない」とかいうのは，例えば，証人の善意の誤解や見誤りなどのあった場合をも含めて，証言の信用性を否定する判断を裁判所が下す場合に用いられるのであるが，実際には，信用しないというと，証人が故意にうその供述をしていると断定したような印象を与える。そこで，明らかに偽証と認められるような場合を除いては，「採用しない」とか「採用できない」という表現を用いることもある（なお，「信用する」という言葉は証拠の信用性について用いる語で，当事者の主張については，「信用する」とか「信用しない」とかいう言葉は用いない。）。

b　間接事実から主要事実を推認できる場合（間接推認型）

　要証事実である主要事実を認めるに足りる直接証拠がないときには，間接証拠によって認定した間接事実から主要事実を推認するほかはない。その場合に，ただ間接証拠を挙げて，いきなり，例えば，〇月〇日原告の先代Aと被告との間に売買契約が締結されたという主要事実を認定するのはよくない。そのような方法では，証拠と事実との関係が密接でないため，説得力の欠けた判決となる。このようなときには，「証人Bの証言によれば，被

告は平成○年○月ころ事業資金に窮して，Bに融資を申し込んだが，Bはそれを断り，その際被告に対しその所有する本件土地を売却してその代金を上記の資金に充てるように勧めたことが認められ，証人Cの証言によれば，Cはそのころ被告から本件土地の買主を探してほしいとの依頼を受け，かねて適当な土地があったら買ってもよいと言っていたAを被告に紹介したことが認められ，……これらの事実を総合すれば，Aと被告との間に本件土地の売買契約が締結されたことを推認することができる。」のように段階的に判断する（ここでいう推認とは，間接事実を総合し経験則を適用して主要事実を認定することをいう。）。

間接証拠から間接事実を認定する場合にも，この認定に反する証拠があるときはそれを排斥することを要するが，その説示の仕方は，直接証拠から主要事実を認定する場合のそれと同じである。

要証事実である主要事実に対する直接の反証があるが，それを信用することができないというときは，上記のような事実認定の判示の後に「この認定に反する証人Dの証言は信用することができない。」のように記載する。

また，反証としての間接事実を認定した上で，それを反証として十分でないとして排斥するときは，「証人Dの証言によれば，……の事実が認められるが，この事実は，上記推認を妨げるものではない。」のように判示する。

〔事実を認定することができない場合〕

要証事実について，事実を認定することができないときは，その事件の全証拠によっても事実を認定することができないことを明確に判示する。例えば，「証人Aの証言に

よれば……の事実は認められない。」のように判示すると，
それは，その証言によっては，その事実を証するに足りな
いという趣旨なのか，それともその証言によれば，要証事
実の不存在を認定できるという趣旨なのか明らかでなくな
るから，このような表現は避けるべきである。また，要証
事実が証拠によって認定することができない場合に，その
旨の判示の後に「この認定を覆すに足りる証拠はない。」と
付け加えることのないように注意する。これは，裁判所が
要証事実を積極的に認定する場合に，これに対する十分な
反証がないという判断を表すために用いられる表現である。
ちなみに，弁論の全趣旨も証拠原因になり得るが，要証事
実を認定することができない場合には，証拠がないことを
判示すれば十分であって，これに付加して弁論の全趣旨に
よっても認めることができないことまで説示する必要はな
い。

　具体的説示の方法は，次の二つのパターンがある。

c　主要事実又はそれを推認させる間接事実を認定するに
足りる証拠がない場合（証拠不十分型）

　事実の存否が不明な場合がある。その場合，裁判所は
立証責任のある当事者に不利益な結論を下すことになる。
例えば，請求原因事実の存否が不明な場合は，原告の敗
訴となる。

①　立証活動が全くされていないときは，例えば，「請求
原因事実については，証拠が全くない。」というように
記載する。

②　立証活動はされているけれども，証拠調べの結果を
全部総合しても結局は事実を認めることができない場
合で，これといって言及すべきほどの証拠もないとき

は，「請求原因事実は，これを認めるに足りる証拠がない。」とか，「請求原因事実は，本件全証拠によってもこれを認めるに足りない。」のように記載する。この場合，「原告提出の全証拠によっても認めるに足りない。」とするだけでは十分でない。証拠共通の原則があるので，被告提出の証拠も含め，本件全証拠によっても認めるに足りないとしなければならない。抗弁事実についても同様である。

③　要証事実に符合する証拠があるけれども，それを信用することができず，他にその事実を認めることができる証拠がない場合には，「この点に関する証人Ａの証言は，にわかに信用することができず，他にこの事実を認めるに足りる証拠はない。」とか，「証人Ａは，この点について……と証言するが，この証言は，さきに認定した……の事実に照らし（証人Ｂの反対趣旨の証言に照らし），たやすく信用することができず，他に抗弁１の事実を認めるに足りる証拠はない。」のように判示する。

これらの場合，上記のとおりそれぞれ例示したように，単に，その証言を信用することができないから要証事実を認定することができないというだけでなく，そのほかにも，その要証事実を証明し得る証拠が存在しないことをも判示することを忘れてはならない。

d　間接事実は認定できるが，それから主要事実を推認することができない場合（推認不十分型）

①　１個ないし数個の間接事実が認められるが，それだけでは要証事実を推認するのに不十分な場合には，「（証拠）によれば，……の事実が認められるけれども，

上記認定の事実によっては被告主張の事実を推認する
　　に足りず，他に被告主張の事実を認めるに足りる証拠
　　はない。」のようにする。
　②　１個ないし数個の間接事実が認められ，その限りで
　　は要証事実を推認するのに十分であるけれども，他方
　　においてその推認を動揺させる別個の間接事実が認め
　　られ（この間接事実の証明は本証である。），それを併
　　せて考えると，結局，上記推認は妨げられ，要証事実
　　を認定することができない場合がある（間接反証の成
　　功）。その場合の説示は，「証人Ａの証言によれば，ａ
　　の事実を認めることができる。しかし，他方，証人Ｂ
　　の証言によればｂの事実も認めることができ，このｂ
　　の事実に照らして考えると，前記ａの事実から原告主
　　張のｃの事実を推認することはできず，他にｃの事実
　　を認めるに足りる証拠はない。」のようにする。

3　法律の適用

　裁判所は，事実を確定した場合には，これを小前提とし，法律
を大前提として法律効果の存在について判断する。これが法律の
適用である。実務では，法律の適用については明示的に適用法条
を挙げることをしない。これは，判文を読めば，どの法律を適用
したかを容易に知り得るからである。もっとも，特別法が問題に
なっているような場合には，その法条を示した方が妥当であるこ
ともあろう。
　法律を適用するについては，その解釈を必要とするが，法律解
釈について当事者が強く争っているとか，裁判所が従来の判例や
学説に反する新しい解釈をあえて採ろうとするような場合を除き，

解釈論を展開する必要はない。その必要がある場合でも，事実審裁判所が判決の中で法律解釈に関する論議を一々判例学説を引いて長々と展開したり，学問上の論文のような体裁や表現を用いることは妥当でない。争いのある点について簡潔に判断を示せば足りる。

なお，裁判官の通常の知識により認識し得べき経験則の存在については，その根拠を証拠によって明らかにする必要はない。

4　訴訟費用の負担の裁判及び仮執行の宣言についての理由

訴訟費用の負担の裁判及び仮執行宣言についても判決書理由の末尾に簡単に理由を示すことになっているが，通常はこの理由として条文を挙げる。

例　「訴訟費用の負担につき民訴法61条を，仮執行の宣言につき同法259条1項を，それぞれ適用して，……」

一方が全部勝訴した結果，相手方に訴訟費用の全部を負担させる場合は，適条は民訴法61条のみである。一部勝訴の場合は，同条は当然その前提として適用があるのであるから，同法64条本文又はただし書のほか，同法61条をも挙げるべきであろう。共同訴訟人全員が敗訴して同法65条1項本文又はただし書が適用される場合もこれと同様である。

同法67条1項を適条として挙げる例も見受けるが，訴訟費用の負担の裁判は常に職権ですべきものであるから，特に適条として挙げる必要はない。

もっとも，同法62条，63条，65条2項等の適用により全部勝訴者に訴訟費用の全部又は一部を負担させる場合とか，同法64条本文又はただし書の適用により勝訴者に訴訟費用の大部分又は全部の負担を命じたりする例外の場合は，事案に応じ，相当の理由を

付すのが妥当な場合があろう。

　なお，仮執行宣言又はその免脱宣言の申立てを認めない場合は，前述したように，理由中でその旨を明示する必要があるが（前記30，31頁参照），これも通常理由の末尾に書く。

　例　「仮執行宣言の申立てについては，その必要がないものと認めこれを却下する。」

　　　「仮執行宣言については，相当でないからこれを付さないこととする。」

　5　結論

　判決文の締めくくりとして，「よって，本訴請求は理由があるからこれを認容し（又は「理由がないからこれを棄却し」），訴訟費用の負担につき民訴法61条を適用して，主文のとおり判決する。」のように記載するのが例である。

第8　裁判所の表示（法253 I ⑥）

　判決をした裁判所を明確にするためのものであり，判決書末尾に記載する。なお，部名まで表示するのが例である。

第9　判決をした裁判官の署名押印（規157 I ）

　判決書には，判決をした裁判官が署名押印しなければならない。ここでいう判決をした裁判官とは，最終の口頭弁論期日に関与した裁判官（法249 I ）であって，判決の言渡しをする裁判官ではない（最終の口頭弁論に関与した裁判官でない裁判官も，判決の言渡しをすることができる。）。

合議体の裁判官が判決書に署名押印することに支障があるときは，その合議体の他の裁判官が，判決書にその理由を付記して署名押印する（規157Ⅱ）。例えば，「裁判長裁判官Aは，退官につき（又は「転補につき」），署名押印することができない。裁判官B㊞」とする。

第3章　新様式による判決書

　現在の民事裁判実務においては，在来様式の判決書に加えて，平成
2年1月の東京高等・地方裁判所民事判決書改善委員会，大阪高等・
地方裁判所民事判決書改善委員会共同提言「民事判決書の新しい様式
について」が公表されて以降，新様式の判決書の普及が目覚ましく，
判決書の作成につき新様式によるものが多くなっている。

　この共同提言が基礎にしている考え方は，次のようなものである。

① 　民事裁判実務においては，早期に紛争の全体像を把握して，事件
　の個性に応じた処理をするために事件の振り分けを行い，裁判所と
　当事者及び訴訟代理人が協調して的確な争点整理をし，その争点に
　ついて最良の証拠を提出させて証拠調べを集中して実施することが
　必要である。そのためには，要件事実の理論に裏付けられた事実主
　張と適切な訴訟指揮が不可欠である。

② 　そのような充実した審理を前提とすれば，当事者が真に裁判所の
　判断を求めている事項（中心的争点）はおのずと限られたものとな
　り，裁判所の判断もそこに焦点を合わせることによって，判決書は，
　より簡潔で分かりやすくなる。

③ 　判決書は，何よりも当事者のためのものであるから，そのことを
　重視して，平易簡明な文体と分かりやすい文章を用い，形式的な記
　載，重複記載等の無駄を省いて，簡潔なものとなるように心掛ける
　べきである。判決書において，ことさらに一般に使われていない難
　解な用語（例えば，「爾余」，「窺知」，「措信」，「訴外」など）を使う
　のは避けたほうがよい。

④ 　具体的記述としては，事実及び理由のうち，中心的争点について
　は，具体的な事実関係が明らかになるよう，主張と証拠を摘示しな

がら丁寧に記述するが，全体を通じて，主文が導かれる論理的過程が明確に読み取れる程度の記載で足りる。

このように，審理の充実を目指した訴訟運営がされ，その中で的確な訴訟指揮が行われ，要件事実的思考に基づく主張分析と争点整理がされ，誤りのない判断が担保されるのであれば，その判断の表現方法である判決書について新様式によることは，適切なことである。

第1　事件の表示，口頭弁論の終結の日，表題，当事者，代理人等の表示

在来様式のとおりとする。

第2　主文

在来様式のとおりとする。

第3　事実及び理由

主張事実と理由との間で同一の事項を重複して記載することを避け，判決書全体を簡潔なものとするため，項目を「事実」と「理由」に分けないで，「事実及び理由」と一括した項目とする。したがって，この欄の「事案の概要」，「争点に対する判断」の全体を通じて，事実及び理由が記載される。

1　請求

在来様式のとおりとする。ただし，訴訟費用の負担の申立て，

仮執行宣言の申立て及び請求の趣旨に対する答弁は全面的に省略する。

2 事案の概要

(1) 事案の概要は,事件がどのような類型の紛争であって,どの点が中心的な争点であるのかを概説するものである。

「事案の概要」の記載は,次の「争点に対する判断」の記載と総合して,主文が導かれる論理的過程を明らかにするものである。中心的争点以外の事実主張も,主文を導き出すのに必要不可欠なものである限り,概括的に記載することが必要である。

(2) 「事案の概要」欄の冒頭において,紛争の概要を簡潔に記載することによって,訴訟物を明らかにし,あるいは争いのない事実や争点として摘示される事実や主張が実体上どういう意味を持つものであるのかを明らかにするのが相当である。

「事案の概要」欄の具体的な記載方法は,「争いのない事実」と「争点」とに分けて記載する。もっとも,事案によっては,中心的争点とはいえないが主文を導くためには判断が必要で,自白が成立していないため証拠によって認定する事実関係について,全体として判決書の記述を分かりやすくするため,その認定の結果を,「争いのない事実」の欄に証拠で認定した旨付記した上,記載しておいた方がよい場合もある(この場合は,見出しを「争いのない事実等」とすることが多い。)。

(3) 中心的争点は,主文を導く上で重要な事実上の又は法律上の争点のことである。争点のうち中心的なものであるから,おのずから限られたものとなるはずであり,そのためには,審理の過程で適切な訴訟指揮に基づいて,要件事実の理論に裏付けられた事実主張が尽くされていることが重要である。

中心的争点以外の争点としては，前記(2)のとおり，①中心的争点とはいえないが結論を導くために判断が必要な争点と，②結論を導くために判断が必要とはいえない争点とがある。

　　このうち①については，記載を欠くことはできないが，②については，その記載は不要である（法253Ⅱ）。もっとも，当事者の主張と証拠関係に照らして，その事案の結論を導くために判断が必要な中心的争点が一義的に明確とまでいえない場合には，差し当たりそのようなものとは考えない争点についても，控訴審の審理との関係では概括的に記載しておくことが望ましい。

3　争点に対する判断

(1)　中心的争点についての判断は，認定事実とこれに関連する具体的証拠との結び付きをできるだけ明確にしながら，丁寧に記述しなければならない。これ以外の争点については，主文が導かれる論理的過程を明らかにするのに必要な限度で，概括的に判断が示されていれば足りる。

(2)　争点に対する判断の記載の構成については，①最初に認定事実を一括して記載し，次にこれを引きながら争点の判断をする方法，②争点ごとに関係する認定事実とこれに基づく判断とをまとめて記載する方法がある。一連の事実が関連ある流れを持っているような事案では，①の記載方法が適切であり，認定事実に幾つかのまとまりがあり全体の事実を認定することがかえって散漫な印象を与えるような事案では，②の記載方法を選択することが相当であろう。

　　認定事実と証拠との関係についても，①関係証拠を認定事実の冒頭あるいは末尾にまとめて記載する方法，②小項目又は

個々の事実ごとに関係証拠を挙げる方法がある。認定する必要のある事実の数，認定に使う証拠の数，認定事実と証拠との関連などを考慮して，事案にふさわしい記載方法によることが望ましい。

(3) 証拠判断については，その事案における具体的な重要性を考慮して，どの程度の記載にするかを決する。

　ア　書証の成立に関する判断は，それが重要な争点になっている場合に限りこれを記載する。しかし，それ以外の場合には，これを記載せず，成立に争いがないとの記載もしない（書証の成立に関する判断が判決書の必要的記載事項ではないことについて，最判平9.5.30集民183.423参照）。

　イ　証拠を採用する理由又はこれを排斥する理由は，証拠の評価が訴訟の勝敗を決するような場合には，分かりやすく丁寧に説示する。それ以外の場合については，証拠を採用する理由又はこれを排斥する理由を記載しない。また，反対証拠を採用しないこと又はこれが存在しないことの断り書きもしない。

　　証拠の挙示は，どの証拠か認識できる程度に簡潔に表示すればよい（例えば，「甲第１号証」，「証人Ａの証言」，「原告本人尋問の結果」とせず，それぞれ「甲１」，「証人Ａ」，「原告本人」というように簡潔に表示する。）。

(4) 法律上の争点については，在来様式と同様に，裁判所が採用する見解とその論拠を簡潔に示せば足りる。

(5) 判決書の理由欄の末尾に，請求に対する結論及び訴訟費用の負担などに関する法令の適用に関する説示を記載することは，原則として不要である。もっとも，事案によっては，「事案の概要」と「争点に対する判断」との各記載を対比しても，請求のどの部分が認容されたのか一見しただけでは分かりにくい場合

がある。そのような場合には，認容部分を明らかにする結論の
記載をしておくことが適当である。

第4　裁判所の表示及び判決をした裁判官の署名押印

　在来様式のとおりとする。

第4章 請求原因自白，被告欠席の場合の判決書

第1 被告が請求原因事実を認め，抗弁を主張しない場合

　被告が，原告の請求を認諾しないが，請求原因事実についてはいずれも認め，抗弁も主張しないことがある。この場合には，「事実及び理由」という表題の下に，「原告は，主文同旨の判決（並びに仮執行宣言）を求め，請求原因として次のとおり述べた。」として，請求原因事実を記載した上，「請求原因事実については当事者間に争いがない。以上の事実によると，本訴請求は理由があるからこれを認容し，……」と記載するのが通例である。

　被告が，口頭弁論期日に出頭しないが，請求棄却を求めた上，請求原因事実を認めるとの記載がされた答弁書が擬制陳述（法158）された場合も同様である。

第2 被告が公示送達以外の呼出しを受けて欠席した場合

　被告が適式の呼出しを受けたのに（公示送達による場合を除く。），口頭弁論期日に出頭せず，答弁書その他の準備書面を提出しない場合は，民訴法159条3項本文が適用される（自白の擬制）。この場合にされる判決を実務では欠席判決と呼んでいる。欠席判決においても，「事実及び理由」という表題の下に，「原告は，主文同旨の判決（並びに仮執行宣言）を求め，請求原因として次のとおり述べた。」として，請求原因事実を記載した上，「被告は，本件口頭弁論期日に出頭せず（又は「被告は，適式の呼出しを受けながら本件口頭弁論期日に出頭せず」），答弁書その他の準備書面も提出しないから，請

求原因事実を争うことを明らかにしないものと認め，これを自白したものとみなす。以上の事実によると，本訴請求は理由があるからこれを認容し，……」と記載するのが通例である。

第3　被告が公示送達による呼出しを受けて欠席した場合

　被告が，公示送達による呼出しを受けて口頭弁論期日に出頭しない場合は，答弁書その他の準備書面を提出しないときでも，一般の不出頭の場合と異なり，自白を擬制できない（法159Ⅲただし書）。この場合，「事実及び理由」という表題の下に，「原告は，主文同旨の判決（並びに仮執行宣言）を求め，請求原因として次のとおり述べた。」として，請求原因事実を記載し，さらに「被告は，公示送達による呼出しを受けたが，本件口頭弁論期日に出頭しない。」と記載した上で，いわゆる対席判決の場合と同様に理由を記載するのが通例である。

第4　いわゆる調書判決

　次の二つの場合については，判決書の原本に基づかず（法254Ⅰ），裁判長が主文及び理由の要旨を告げて判決の言渡しをすることができる（規155Ⅲ）。
①　被告が口頭弁論において原告の主張した事実を争わず，その他何らの防御の方法をも提出しない場合
②　被告が公示送達による呼出しを受けたにもかかわらず口頭弁論の期日に出頭しない場合（被告の提出した準備書面が口頭弁論において陳述されたものとみなされた場合は除外する。）
　この場合には，当事者及び法定代理人，主文，請求並びに理由の要旨を，判決の言渡しをした口頭弁論期日の調書に記載して判決書

に代えることになる（法254Ⅱ）。

　したがって，本章の第1の場合や，第2の場合で擬制自白が成立するとき，第3の場合で被告の準備書面が擬制陳述されないときは，この調書判決の方法により判決書を作成しないことができることになる。

判決記載例

（在来様式）

平成17年㈹第779号　根抵当権設定登記抹消登記手続請求事件

口頭弁論終結日　平成18年4月19日

判　　　　　決

名古屋市千種区中野6丁目11番1号

　　　　　　原　　　　　告　葛　西　昭　彦

同所

　　　　　　原　　　　　告　葛　西　ハ　ル

　　　　　上記両名訴訟代理人弁護士　甲　野　花　子

愛知県岡崎市青葉町18番地

　　　　　　被　　　　　告　株式会社田中商会

　　　　同代表者代表取締役　田　中　秀　夫

　　　　同訴訟代理人弁護士　乙　野　次　郎

　　　　同訴訟復代理人弁護士　丙　野　三　郎

主　　　　　文

1　被告は，別紙物件目録記載1の土地につき，別紙登記目録記載
　の根抵当権設定登記の抹消登記手続をせよ。

2　原告葛西昭彦の請求を棄却する。

3　訴訟費用は，被告に生じた費用の2分の1と原告葛西昭彦に生
　じた費用を同原告の負担とし，被告に生じたその余の費用と原告
　葛西ハルに生じた費用を被告の負担とする。

事　　　　　実

第1　当事者の求めた裁判

1　請求の趣旨

　⑴　原告葛西昭彦

　　　被告は，別紙物件目録記載2の建物につき，別紙登記目録記

載の根抵当権設定登記の抹消登記手続をせよ。

(2)　原告葛西ハル

　　　主文1項と同旨

(3)　訴訟費用は被告の負担とする。

2　請求の趣旨に対する答弁

(1)　原告らの請求をいずれも棄却する。

(2)　訴訟費用は原告らの負担とする。

第2　当事者の主張

1　請求原因

(1)　原告葛西昭彦

　　ア　葛西洋子は，平成16年2月9日当時，別紙物件目録記載2
　　　の建物（本件建物）を所有していた。

　　イ　洋子は，原告昭彦に対し，平成16年2月9日，本件建物を
　　　贈与した。

　　ウ　本件建物について別紙登記目録記載の根抵当権設定登記
　　　（本件登記1）が存在する。

(2)　原告葛西ハル

　　ア　原告ハルは，別紙物件目録記載1の土地（本件土地）を所
　　　有している。

　　イ　本件土地について別紙登記目録記載の根抵当権設定登記
　　　（本件登記2）が存在する。

(3)　よって，被告に対し，原告昭彦は本件建物につき，原告ハル
　　は本件土地につき，いずれも所有権に基づき，本件各登記の抹
　　消登記手続を求める。

2　請求原因に対する認否

(1)　請求原因(1)ア，ウは認め，イは知らない。

(2)　請求原因(2)は認める。

3　抗弁

(1) 登記保持権原－根抵当権（請求原因(1)に対し）

　ア　洋子は，平成15年10月19日，被告との間で，本件建物につき，次の内容の根抵当権を設定するとの合意をした。

　　　　極　度　額　　　　6000万円
　　　　債権の範囲　　　　消費貸借取引，売買取引
　　　　債　務　者　　　　株式会社大泉商事
　　　　根抵当権者　　　　被告

　イ　洋子は，アの当時，本件建物を所有していた。

　ウ　本件登記1はアに基づく。

(2) 登記保持権原－根抵当権（有権代理）（請求原因(2)に対し）

　ア　洋子は，平成15年10月19日，被告との間で，本件土地につき，抗弁(1)アと同内容の根抵当権を設定するとの合意をした。

　イ　洋子は，アの際，原告ハルのためにすることを示した。

　ウ　原告ハルは，洋子に対し，アに先立ち，その代理権を授与した。

　エ　原告ハルは，アの当時，本件土地を所有していた。

　オ　本件登記2はアないしウに基づく。

(3) 登記保持権原－根抵当権（表見代理）（請求原因(2)に対し）

　ア　抗弁(2)ア，イと同じ。

　イ　原告ハルは，被告に対し，ア（抗弁(2)ア）の際，洋子にその代理権を授与したことを表示した。

　ウ　抗弁(2)エと同じ。

　エ　本件登記2はア，イに基づく。

4　抗弁に対する認否

(1) 抗弁(1)のうち，イは認め，その余は否認する。

(2) 抗弁(2)のうち，エは認め，その余は否認する。

(3) 抗弁(3)のうち，ウは認め，その余は否認する。

5　再抗弁

悪意（抗弁(3)に対し）

(1) 洋子は，抗弁(3)ア（抗弁(2)ア）の際，その代理権を授与されていなかった。

(2) 被告は，その際，(1)を知っていた。

6 再抗弁に対する認否

再抗弁は否認する。

理　　　　　由

1 原告昭彦の請求について

(1) 請求原因(1)ア，ウは当事者間に争いがなく，成立に争いのない甲第1号証，証人洋子の証言によれば，同イの事実が認められる。

(2) 抗弁(1)について

ア 洋子が平成15年10月19日当時本件建物を所有していたことは当事者間に争いがない。

イ 上記アに，前掲甲第1号証，成立に争いのない甲第2号証，第3，第4号証の各1，証人洋子の証言により真正に成立したものと認められる甲第3，第4号証の各2，乙第1号証，証人洋子，同大泉隆夫の各証言，被告代表者尋問の結果を総合すると，次の各事実が認められる。

(ｱ) 平成15年10月当時，大泉隆夫が代表者をしていた大泉商事は資金繰りに行き詰まり，直ちに経営資金の融資を受けないと倒産するような状態にあった。

(ｲ) 被告は，隆夫の要請を受けて，同月19日，被告振出しの約束手形を和光商事株式会社に差し入れて同社から5400万円を借り受け，これを大泉商事に貸し付けた（本件貸付け）。

(ｳ) 本件貸付けに際して，当時隆夫の妻であった洋子もこれに同席しており，その経緯を知っていた。

(エ)　その際，洋子は，「根抵当権設定契約書」と題する契約書
（乙第1号証，本件契約書）の根抵当権設定者欄に自ら署名
して実印を押すとともに，同欄に原告ハルの住所氏名を記
載した上，その下に原告ハルの実印を押した。そして，洋
子は，被告に対し，上記のとおり記入のされた本件契約書，
洋子名義の印鑑登録証明書（甲第3号証の1），洋子の実印
が押された白紙委任状（甲第3号証の2），原告ハル名義の
印鑑登録証明書（甲第4号証の1），原告ハルの実印が押さ
れた白紙委任状（甲第4号証の2），本件土地の登記済証を
交付した。

(オ)　本件契約書には，根抵当権者として被告，債務者として
大泉商事，極度額として6000万円，債権の範囲として消費
貸借取引及び売買取引，根抵当権の目的物として本件土地
及び本件建物の記載があり，平成15年11月20日との日付が
ある。

(カ)　(エ)の際，本件建物の登記済証は他に保管されていて洋子
の手元になかったため，その場では被告に交付できなかっ
たが，後日隆夫から被告に本件建物の登記済証が交付され
た。

(キ)　その後まもなく，本件土地及び本件建物につき本件契約
書の記載と同内容の本件各登記がされた。

(ク)　当時，洋子は，本件建物以外に不動産を所有していな
かった。

ウ　上記認定事実によると，洋子は，本件貸付けに基づく大泉
商事の被告に対する債務の担保として，本件建物に被告を根
抵当権者とする根抵当権を設定することを認識した上で，本
件契約書の根抵当権設定者欄に自ら署名押印したものと認め
られる。

証人洋子は，「本件契約書に署名したときは，抵当物件の表示もなく，また，根抵当権者，債務者の記名押印もなく，極度額の記載もなかった。」と供述するが，仮に，洋子が署名したときには，本件契約書に抵当物件等の記載がなく，契約書として完成したのがその作成日付である平成15年11月20日前後であったとしても，上記認定事実からすると，抗弁(1)アの根抵当権設定契約について洋子に認識があったというべきである。

エ　以上によれば，洋子は抗弁(1)アの根抵当権設定契約を締結し，これに基づいて本件登記1がされたことが認められ，これを覆すに足りる証拠はない。

オ　よって，抗弁(1)は理由がある。

2　原告ハルの請求について

(1)　請求原因(2)は当事者間に争いがない。

(2)　抗弁(2)について

ア　前掲甲第3，第4号証の各1，2，乙第1号証，証人洋子，同隆夫の各証言，被告代表者尋問の結果によれば，抗弁(2)ア，イの事実が認められる。

イ　そこで，抗弁(2)ウの事実について判断する。被告代表者はこの事実に沿う供述をするが，前掲甲第4号証の1，2，乙第1号証，証人洋子の証言によれば，本件契約書の根抵当権設定者欄の原告ハルの住所氏名は洋子が原告ハルに無断で記載したこと，洋子が被告に交付した原告ハルの印鑑登録証明書は，洋子が無断で原告ハルの印鑑登録カードを使用して取得したもので，原告ハル名義の白紙委任状も，洋子が無断でその住所氏名を記載し，無断で持ち出した原告ハルの実印を押したものであること，本件土地の登記済証も洋子が原告ハルに無断で持ち出したものであることが認められ，これらの事

実に照らすと，被告代表者の上記供述は採用できず，他に抗
弁(2)ウの事実を認めるに足りる証拠はない。

　ウ　よって，抗弁(2)は理由がない。

(3)　抗弁(3)について

　ア　抗弁(3)ア（抗弁(2)ア，イ）の事実が認められることは前記
のとおりである。

　イ　そこで，抗弁(3)イの事実について判断する。上記認定事実
によれば，洋子が被告に対し，本件土地の登記済証，原告ハ
ルの印鑑登録証明書，白紙委任状を交付したことをもって，
原告ハルが自己の意思に基づき，被告に対し，洋子に本件土
地についての根抵当権設定契約を締結する代理権を授与した
ことを表示したとはいえず，他に抗弁(3)イの事実を認めるに
足りる証拠はない。

　ウ　よって，抗弁(3)は理由がない。

3　以上によれば，原告ハルの本訴請求は理由があるからこれを認
容し，原告昭彦の本訴請求は理由がないからこれを棄却すること
とし，訴訟費用の負担について民訴法64条本文，61条を適用して，
主文のとおり判決する。

　　　　　　　　○○地方裁判所○○支部

　　　　　　　　　　裁判官　　　　　　　Ａ　　　　　㊞

（別紙）

物　件　目　録

1　所　　　在　　名古屋市千種区南沢3丁目
　　地　　　番　　1058番26
　　地　　　目　　宅　地
　　地　　　積　　244.74㎡
2　一棟の建物の表示
　　所　　　在　　名古屋市千種区南沢3丁目1058番地26
　　建物の番号　　葛西ハイツ
　　構　　　造　　鉄骨造ルーフィング葺・陸屋根4階建
　　床　面　積　　1階　　133.04㎡
　　　　　　　　　2階　　133.04㎡
　　　　　　　　　3階　　101.28㎡
　　　　　　　　　4階　　 16.81㎡
　　専有部分の建物の表示
　　家 屋 番 号　　南沢3丁目1058番26の7
　　種　　　類　　共同住宅
　　構　　　造　　鉄骨造2階建
　　床　面　積　　1階部分　　40.08㎡
　　　　　　　　　2階部分　　40.08㎡

登　記　目　録

○○法務局○○出張所平成15年12月15日受付第28826号根抵当権設定
　　原　　　因　　平成15年11月20日設定
　　極　度　額　　6000万円

債権の範囲　　消費貸借取引，売買取引
債　務　者　　名古屋市中区一番町5番2号
　　　　　　　株式会社大泉商事
根抵当権者　　岡崎市青葉町18番地
　　　　　　　被告

（新様式）

平成17年㈹779号　根抵当権設定登記抹消登記手続請求事件
口頭弁論終結日　平成18年4月19日

判　　　　　決

名古屋市千種区中野6丁目11番1号

原　　　　　告　葛　西　昭　彦

同所

原　　　　　告　葛　西　ハ　ル

上記両名訴訟代理人弁護士　甲　野　花　子

愛知県岡崎市青葉町18番地

被　　　　　告　株式会社田中商会

同代表者代表取締役　田　中　秀　夫

同訴訟代理人弁護士　乙　野　次　郎

同訴訟復代理人弁護士　丙　野　三　郎

主　　　　　文

1　被告は，別紙物件目録記載1の土地につき，別紙登記目録記載
　の根抵当権設定登記の抹消登記手続をせよ。

2　原告葛西昭彦の請求を棄却する。

3　訴訟費用は，被告に生じた費用の2分の1と原告葛西昭彦に生
　じた費用を同原告の負担とし，被告に生じたその余の費用と原告
　葛西ハルに生じた費用を被告の負担とする。

事　実　及　び　理　由

第1　請求

1　原告葛西昭彦

　　被告は，別紙物件目録記載2の建物につき，別紙登記目録記載
　の根抵当権設定登記の抹消登記手続をせよ。

2　原告葛西ハル

主文1項と同旨

第2　事案の概要

　　本件は，原告葛西昭彦が別紙物件目録記載2の建物（本件建物）につき，原告葛西ハルが別紙物件目録記載1の土地（本件土地）につき，それぞれ所有権に基づき，別紙登記目録記載の根抵当権設定登記（本件建物について本件登記1，本件土地について本件登記2，一括して本件登記という。）の抹消登記手続を求めた事案である。

1　争いのない事実等

⑴　原告ハルは，昭和55年以降，本件土地を所有している。

　　葛西洋子は，本件建物を平成9年2月18日以降所有していたところ，平成16年2月9日，本件建物を原告昭彦に贈与した（甲1）。

⑵　原告昭彦は，原告ハルの長男である。洋子は，原告ハルの長女であり，根抵当権設定契約当時大泉隆夫の妻であった（後に離婚）。

⑶　隆夫は株式会社大泉商事の代表者であったが，大泉商事は，平成15年10月ころ，資金繰りに行き詰まり，直ちに経営資金の融資を受けなければ倒産するような状態にあった（証人隆夫）。

⑷　被告は，平成15年10月初旬に隆夫から大泉商事の経営資金を融資してほしいとの要請を受け，同月19日，和光商事株式会社に被告振出しの約束手形を差し入れて5400万円を借り受け，これを大泉商事に貸し付けた（本件貸付け，被告代表者）。

⑸　洋子は，本件貸付けの際，「根抵当権設定契約書」と題する契約書（乙1，本件契約書）の根抵当権設定者欄に自ら署名して実印を押すとともに，同欄に原告ハルの住所氏名を記載した上，その下に原告ハルの実印を押した。そして，洋子は，被告に対し，そのような記入のされた本件契約書，洋子名義の印鑑登録

証明書（甲3の1），洋子の実印が押された白紙委任状（甲3の2），原告ハル名義の印鑑登録証明書（甲4の1），原告ハルの実印が押された白紙委任状（甲4の2），本件土地の登記済証を交付した（証人洋子，被告代表者）。

(6) 本件契約書には，根抵当権設定者以外にも，根抵当権者として被告，債務者として大泉商事，極度額として6000万円，債権の範囲として消費貸借取引及び売買取引，根抵当権の目的物として本件土地及び本件建物の記載があり，平成15年11月20日との日付がある（乙1）。

(7) 本件契約書，洋子名義の印鑑登録証明書及び委任状，原告ハル名義の印鑑登録証明書及び委任状に基づいて根抵当権設定登記申請がされ，本件土地及び本件建物につき本件登記が存在している。

2 争点

(1) 本件建物について，洋子，被告間で，根抵当権設定契約が成立したか。

（原告昭彦の主張）

洋子が署名した当時，本件契約書には抵当物件の表示，根抵当権者及び債務者の記名押印，極度額の記載がなかったから，洋子には，根抵当権設定契約締結の意思がなかった。

(2) 本件土地について，洋子が原告ハルの代理人として締結した根抵当権設定契約の効力は，原告ハルに及ぶか。

ア 有権代理

（被告の主張）

原告ハルは，洋子に対し，上記契約に先立ち，本件土地についての根抵当権設定契約締結の代理権（本件代理権）を与えた。

イ 民法109条の表見代理

（被告の主張）

　　本件貸付けに当たり，原告ハルは，被告に対し，本件土地の登記済証，原告ハル名義の印鑑登録証明書及び白紙委任状を，洋子を通じて交付したから，被告に対して本件代理権の授与表示をしたことになる。

（原告ハルの主張）

　　被告は，上記契約を締結する際，洋子が本件代理権を授与されていなかったことを知っていた。したがって，被告の表見代理の主張は理由がない。

第3　争点に対する判断

1　原告昭彦の請求について

⑴　争点⑴（本件建物についての根抵当権設定契約の成否）について

　　証人洋子，同隆夫，被告代表者によれば，次の事実が認められる。

ア　洋子は，大泉商事が本件貸付けを受ける際，その場に同席しており，その経緯を認識していた。

イ　本件当時，洋子には，本件建物以外に所有する不動産はなかった。

　　この認定事実に前記争いのない事実等を総合すると，洋子は，本件貸付けに基づく大泉商事の被告に対する債務の担保として，本件建物に被告を根抵当権者とする根抵当権を設定することを認識した上で，本件契約書の根抵当権設定者欄に自ら署名押印したことが認められる。

　　証人洋子は，原告昭彦の主張するとおり，本件契約書に署名した当時，本件契約書には抵当物件等の記載がなかったと供述するが，仮に，そうであったとしても，上記認定事実によれば，本件建物についての根抵当権設定契約について洋子に認識が

あったというべきである。

(2) 以上の検討によれば，洋子，被告間の本件建物についての根抵当権設定契約に基づき，本件登記1がされたことが認められる。

2 原告ハルの請求について

(1) 争点(2)ア（有権代理による原告ハル名義の根抵当権設定契約の効力の有無）について

被告代表者は，前記の被告主張に沿う供述をするが，その供述自体具体性に乏しく，採用できない。

上記争いのない事実等(5)のとおり，本件契約書及び原告ハル名義の委任状には原告ハルの実印が押され，原告ハルの印鑑登録証明書及び本件土地の登記済証が被告に交付されているものの，証人洋子の証言によって，本件契約書の根抵当権設定者欄の原告ハルの住所氏名は洋子が原告ハルに無断で記入したこと，印鑑登録証明書は，洋子が原告ハルに無断で印鑑登録カードを用いて取得したこと，同じく委任状も洋子が原告ハルに無断で原告ハルの住所氏名を記入し，無断で持ち出した原告ハルの実印を押したこと，本件土地の登記済証も，洋子が原告ハルに無断で持ち出したことが認められる。

したがって，本件契約書，委任状，印鑑登録証明書，登記済証の被告に対する交付をもって，原告ハルが洋子に本件代理権を与えたと認めることはできない。

(2) 争点(2)イ（民法109条の表見代理による原告ハル名義の根抵当権設定契約の効力の有無）について

(1)の認定事実によれば，洋子は，原告ハルに無断で，登記済証，印鑑登録証明書，委任状を被告に交付したことが明らかである。したがって，登記済証，印鑑登録証明書，委任状が被告に交付されたことから，原告ハルが自己の意思に基づき被告に

対し，洋子に本件代理権の授与表示をしたとはいえず，被告の
　　主張は理由がない。
3　したがって，原告ハルの請求は理由があるから認容し，原告昭
　彦の請求は理由がないから棄却する。
　　　　　○○地方裁判所○○支部
　　　　　　　　　裁判官　　　　　　　Ａ　　　　　㊞

（別紙）

　　物件目録も登記目録も在来様式のものと同一であるから省略する。

索　引

— 1 —

— 3 —

平成18年 8 月
「10訂民事判決起案の手引」別冊

事 実 摘 示 記 載 例 集

目　　次

請求原因・抗弁・再抗弁・再々抗弁記載例関係一覧表

請求原因	抗弁	再抗弁	再々抗弁
1 売買代金	1 同時履行		
	2 未成年者	1 制限行為能力者の詐術	
2 売買代金 遅延損害金	3 錯誤	2 重過失	
	4 詐欺		
3 保証債務	5 被保佐人		
4 貸金	6 弁済		
	7 消滅時効	3 時効中断	
		4 時効援用権の喪失	
5 貸金 利息，遅延損害金	8 相殺		
6 貸金（準消費貸借） 遅延損害金	9 免除		
7 譲受債権 （売買代金）	10 譲渡禁止特約	5 承諾	
	11 債務者対抗要件	6 承諾	
	12 第三者対抗要件	7 確定日付のある証書による通知	
	13 対抗要件具備による債権喪失		
	14 代物弁済	8 異議をとどめない承諾	
8 約束手形金 利息			
9 不当利得			
10 土地建物引渡し・所有権移転登記手続（売買）	15 停止条件	9 条件成就	
	16 債務不履行解除	10 弁済の提供	
	17 手付解除	11 履行の着手	
11 建物明渡し（賃貸借終了） 賃料相当損害金	18 留置権		
12 建物収去土地明渡し（賃貸借終了）	19 建物所有目的	12 一時使用目的	

	請求原因		抗弁		再抗弁		再々抗弁
13	建物収去土地明渡し（所有権）	20	占有権原―賃貸借				
14	土地明渡し（所有権）	21	所有権喪失―代物弁済	13	虚偽表示	1	善意の第三者
15	土地明渡し（所有権）賃料相当損害金	22	対抗要件具備による所有権喪失―贈与	14	背信的悪意者		
16	機械引渡し（所有権）	23	対抗要件―売買	15	対抗要件具備		
		24	対抗要件具備による所有権喪失―売買				
17	所有権移転登記手続（所有権）	25	他主占有権原―使用貸借				
18	抵当権設定登記抹消登記手続	26	登記保持権原―抵当権	16	合意解除	2	強迫
19	（Y₁に対し）所有権移転登記抹消登記手続（Y₂に対し）承諾	27	所有権喪失―売買	17	債務不履行解除		
20	債権者代位（所有権移転登記抹消登記手続）						
21	詐害行為取消し（所有権移転登記抹消登記手続）	28	受益者の善意				
22	債務不存在確認（貸金）						
23	請求異議（公正証書）						
24	請求異議（確定判決）						
25	第三者異議						

〔請求原因記載例〕

1　売買代金（売買契約に基づく代金支払請求権）

(1)　原告は，被告に対し，平成 17 年 10 月 3 日，大型カラーテレビ 1 台（Ｋ社製，型式Ｓ6-ＴＵ3861）を代金 100 万円で売った。

(2)　よって，原告は，被告に対し，上記売買契約に基づき，代金 100 万円の支払を求める。

　注　契約の目的物を引き渡したことは，請求原因で主張する必要はない（抗弁記載例 1 参照）。

2　売買代金（売買契約に基づく代金支払請求権，履行遅滞に基づく損害賠償請求権）

(1)　原告は，被告との間で，平成 18 年 2 月 20 日，別紙物件目録記載の土地を代金 8000 万円，支払期日同年 3 月末日の約定で売るとの合意をした。

(2)　原告は，被告に対し，平成 18 年 3 月末日，上記売買契約に基づき，同土地につき所有権移転登記手続をするとともに，これを引き渡した。①

(3)　平成 18 年 3 月末日は経過した。②

(4)　よって，原告は，被告に対し，上記売買契約に基づき，代金 8000 万円のうち 2000 万円並びにこれに対する弁済期及び引渡日の翌日である平成 18 年 4 月 1 日から支払済みまで民法所定の年 5 分の割合による遅延損害金の支払を求める。③

　（物件目録）

埼玉県和光市南2番38

 宅　地　　　364.55m²

注①　売買代金とともに遅延損害金を請求する場合，原告は，売買契約に
　　基づく代金債権に付着する同時履行の抗弁権の存在効果を消滅させる
　　ため，請求原因として，契約の目的物につき所有権移転登記手続（及
　　びその引渡し）をしたこと（厳密にいえばその提供で足りる。）をも
　　主張立証しなければならない。

　　　さらに，民法575条2項本文の「利息」について多数説である遅延
　　利息説に立つと，この規定により，買主の履行遅滞の要件のほかに，
　　その売買契約に基づき目的物を引き渡したこと（引渡しの提供では足
　　りない。）及びその時期をも主張立証しなければならない。

②　このような過去の日時の到来や経過については，実務では，当然の
　　こととしてその記載を省略するのが通例である。

③　代金については一部請求であるが，単なる機械的，数量的な分割に
　　基づく一部請求も請求の特定に欠けるところがないとしてこれを許容
　　する判例によれば，残金であるとの記載は不要である（本文48頁参
　　照）。

3　保証債務（保証契約に基づく保証債務履行請求権）

(1)　原告は，Aに対し，平成18年9月16日，別紙物件目録記載の自
　　動車1台を代金200万円で売った。

(2)　被告は，原告との間で，同日，前項の売買代金債務を保証する
　　との合意をした。

(3)　被告の前項の意思表示は保証書による。

(4)　よって，原告は，被告に対し，上記保証契約に基づき，200万円
　　の支払を求める。

注①　被告が連帯保証をした場合でも，連帯の約定は保証契約に付された
　　特約と解されるので，請求原因としては保証契約締結の事実を主張す
　　れば足り，連帯の特約は，催告・検索の抗弁に対する再抗弁となる。

②　民法446条2項は，保証契約は書面でしなければ効力を生じないと

しているが，この規定の解釈について，保証人の保証意思が書面上に示されていれば足りるとの見解と，保証契約書など債権者及び保証人双方の意思表示がともに書面でされていることを要するとの見解とがあるが，上記(3)の摘示は前者の見解によるものである。なお，平成17年4月1日より前に締結された保証契約については，書面によることは要件とはならない（民法附則（平成16年法律第147号）3条）から上記(3)の摘示は不要である。

4　貸金（消費貸借契約に基づく貸金返還請求権）

(1)　原告は，Aに対し，平成7年3月20日，弁済期を平成8年3月20日として，100万円を貸し付けた。

(2)　平成8年3月20日は到来した。

(3)ア　Aは，平成17年12月25日，死亡した。

　イ　被告はAの子である。

(4)　よって，原告は，被告に対し，上記消費貸借契約に基づき，貸金100万円の支払を求める。

　　注　被告が単独で相続したことを主張するためには，他に相続人が存在しないことをも主張すべきであるとの見解もあるが，(3)の記載は，他に相続人が存在することを被告が抗弁として主張すべきであるとの見解による。

5　貸金（消費貸借契約に基づく貸金返還請求権，利息契約に基づく利息請求権，履行遅滞に基づく損害賠償請求権）

(1)　原告は，被告に対し，平成17年11月1日，200万円を次の約定で貸し付けた。

　　　弁済期　　　　　平成18年3月31日
　　　利　息　　　　　月1分
　　　損害金　　　　　年1割5分

⑵　平成 18 年 3 月 31 日は経過した。

⑶　よって，原告は，被告に対し，上記消費貸借契約に基づき，元金 200 万円並びにこれに対する平成 17 年 11 月 1 日から平成 18 年 3 月 31 日まで約定の月 1 分の割合による利息及び平成 18 年 4 月 1 日から支払済みまで約定の年 1 割 5 分の割合による遅延損害金の支払を求める。

6　貸金（準消費貸借契約に基づく貸金返還請求権，履行遅滞に基づく損害賠償請求権）

⑴　原告は，被告から，平成 16 年 2 月 24 日，別紙物件目録記載の建物について，別表記載の外壁修繕工事を報酬 200 万円で請け負い，同年 3 月 6 日，これを完成した。①

⑵　原告は，被告との間で，平成 17 年 2 月 10 日，弁済期を平成 18 年 2 月 28 日として，上記報酬債務 200 万円をもって消費貸借の目的とすることを約した。

⑶　原告は，⑵の当時，株式会社であった。②

⑷　平成 18 年 2 月 28 日は経過した。

⑸　よって，原告は，被告に対し，上記準消費貸借契約に基づき，元金 200 万円及びこれに対する弁済期の翌日である平成 18 年 3 月 1 日から支払済みまで商事法定利率年 6 分の割合による遅延損害金の支払を求める。

　　注①　準消費貸借契約の成立を主張する側において旧債務の発生原因事実を主張すべきであるとする見解（原告説）と，準消費貸借契約の成立を主張する側は旧債務を他と識別できる程度に特定すれば足り，相手側において旧債務の不存在を主張すべきであるとする見解（被告説，最判昭 43.2.16 民集 22.2.217〔33〕）とがあるが，この記載例は原告説によるものである。

　　　　②　商事法定利率による遅延損害金を請求するためには，⑵が商行為であることを要し，上記の例では⑶がその摘示である（商 514，会 5）。

7 譲受債権（A・被告間の売買契約に基づく代金支払請求権）

⑴　Aは，被告に対し，平成17年6月3日，別表記載の木材を代金380万円で売った。

⑵　Aは，原告に対し，平成18年10月16日，上記売買代金債権を代金200万円で売った。

⑶　よって，原告は，被告に対し，A・被告間の上記売買契約に基づき，代金380万円の支払を求める。

> **注①**　債権譲渡が売買や贈与による場合，準物権行為（処分行為）の債権行為（原因行為）からの独自性を否定すべきであるから，債権行為（原因行為）である売買契約や贈与契約の事実を摘示することになる。
>
> **②**　債権譲渡の債務者対抗要件の主張立証責任については，権利抗弁説が相当であり，債務者の権利主張（抗弁記載例11参照）があったときに，再抗弁として債務者対抗要件の具備（通知又は承諾）を主張すれば足り（再抗弁記載例6参照），請求原因でこれを主張する必要はない。

8 約束手形金
（Y_1 に対する約束手形振出しに基づく約束手形金請求権及び利息請求権）
（Y_2 に対する約束手形裏書に基づく約束手形金請求権及び利息請求権）

⑴　被告 Y_1 は，別紙手形目録記載の約束手形1通を振り出した。①

⑵　被告 Y_2 は，Y_1 名義の署名のある同目録記載の約束手形に，拒絶証書作成を免除して，裏書をした。②

⑶　同手形の裏面には，第一裏書人 Y_2，第一被裏書人A，第二裏書人A，第二被裏書人原告との記載がある。

⑷　原告は，同手形を満期に支払場所に呈示した。

⑸　原告は，同手形を所持している。

(6) よって，原告は，被告らに対し，合同して手形金1000万円及びこれに対する平成18年3月31日から支払済みまで手形法所定の年6分の割合による利息を支払うことを求める。③

（手形目録）

金　　額	1000万円
満　　期	平成18年3月31日
支　払　地	東京都文京区
支払場所	○○銀行本郷支店
受　取　人	Y_2
振　出　日	平成18年2月1日
振　出　地	東京都千代田区

注① 被告 Y_1 に対する手形金請求の要件事実は，(1)，(3)，(5)であり，同被告に対する利息請求の要件事実は，(1)，(3)，(4)，(5)である。なお，支払拒絶は要件ではない。

　② 被告 Y_2 に対する手形金請求の要件事実は，(2)，(3)，(5)であり（Y_1 の振出しが真正であることは要件でない。），同被告に対する利息請求の要件事実も同一である。拒絶証書作成が免除された場合，(4)の呈示については，手形法77条1項4号，46条2項の解釈上，原告が呈示を主張立証する必要はなく，不呈示が被告 Y_2 の抗弁になると考えるのが相当である。

　③ この利息（手78，28Ⅱ，48Ⅰ②，77Ⅰ④，48Ⅰ②）は，呈示期間内に適法な呈示があった以上，満期日から発生する法定利息であるといわれている。

　　呈示期間内に呈示がない場合，振出人は無条件に手形金の支払義務を負うが，手形法上の利息の支払義務は負担せず，期間後の手形の呈示の日又はこれに代わるべき訴状などの送達の日の翌日から年6分の割合による遅延損害金（商514，501④）の支払義務を負う。

9　不当利得（不当利得に基づく利得金返還請求権）

(1) 原告は，平成18年2月20日，被告から，別紙物件目録記載の建

物一棟を代金 500 万円で買い，同日，同代金を被告に支払った。

⑵　同建物は，同月 18 日，火災のため焼失した。

⑶　よって，原告は，被告に対し，不当利得に基づき，利得金 500 万円の支払を求める。

注　不当利得返還請求について，実務は，請求原因として，ア　原告の損失，イ　被告の利得，ウ　アイ間の因果関係のほか，エ　被告の利得が法律上の原因に基づかないことを示す事実を必要とする考え方に立っている。これに対し，請求原因としては，ア，イ，ウのみで足り，被告の利得が法律上の原因に基づくことを示す事実が被告の抗弁であるとの考え方もある。

10　土地建物引渡し及び所有権移転登記手続（売買契約に基づく土地建物引渡請求権及び所有権移転登記請求権）

⑴　原告は，被告から，平成 18 年 1 月 8 日，別紙物件目録記載⑴，⑵の土地建物を代金 5000 万円で買った。

⑵　よって，原告は，被告に対し，上記売買契約に基づき，同土地建物を引き渡すとともに，同土地建物につき，上記売買を原因とする所有権移転登記手続をすることを求める。

（物件目録）

　⑴　所　　在　　千葉県松戸市新作

　　　地　　番　　1035 番

　　　地　　目　　宅地

　　　地　　積　　165.50m^2

　⑵　所　　在　　千葉県松戸市新作 1035 番地

　　　家屋番号　　1035 番 2

　　　種　　類　　居宅

　　　構　　造　　木造亜鉛メッキ鋼板葺 2 階建

　　　床 面 積　　1 階　　130.50m^2

$$2 \text{ 階 } \quad 55.50 \text{m}^2$$

　注　売買契約に基づく請求としては，目的物が被告の所有であるということは要件ではない。

11　建物明渡し（賃貸借契約終了に基づく目的物返還請求権としての建物明渡請求権，履行遅滞に基づく損害賠償請求権）

⑴　原告は，被告に対し，平成14年4月1日，別紙物件目録記載の建物を，期間の定めなく，賃料1か月6万円で賃貸した。

⑵　原告は，被告に対し，同日，上記賃貸借契約に基づき，同建物を引き渡した。

⑶ア　原告は，被告に対し，平成17年9月10日，上記賃貸借契約の解約申入れの意思表示をした。

　　イ　解約申入れの正当事由の評価根拠事実①

　　　（ア）　…………………

　　　（イ）　…………………

⑷　平成18年3月10日は経過した。②

⑸　平成18年3月11日以降の同建物の相当賃料額は，1か月6万円である。③

⑹　よって，原告は，被告に対し，上記賃貸借契約の終了に基づき，同建物の明渡しと賃貸借契約終了の日の翌日である平成18年3月11日から明渡済みまで1か月6万円の割合による遅延損害金の支払を求める。

　　（物件目録）

　　　埼玉県和光市南2番地38所在

　　　　家屋番号　2番38

　　　　木造瓦葺2階建居宅

　　　　床面積　　1階　72.48m²

2 階　56.45m²

注①　正当事由は規範的要件であり，これを根拠づける具体的事実（評価根拠事実）が主要事実となるとの見解による。評価根拠事実に対し，正当事由の評価を妨げる具体的事実（評価障害事実）が抗弁となる。

②　期間の経過については，期間の末日の経過で摘示するのが通常である。なお，実務ではこの記載を省略するのが通例であることは，日時の経過の場合と同様である。

③　賃貸借契約成立の主張に関連して，既に賃料額の主張がされているときには，実務では，この主張を独立の請求原因事実として記載することなく，よって書きの中で，例えば，「相当賃料額 1 か月 6 万円の割合…」のように記載する例が多い。

12　建物収去土地明渡し（賃貸借契約終了に基づく目的物返還請求権としての建物収去土地明渡請求権）

(1)　原告は，被告との間で，平成 15 年 3 月 1 日，別紙物件目録記載(1)の土地を，賃貸期間同日から平成 18 年 2 月 28 日まで，賃料 1 か月 5 万円の約定で賃貸するとの合意をした。

(2)　原告は，被告に対し，平成 15 年 3 月 1 日，上記賃貸借契約に基づき，同土地を引き渡した。

(3)　平成 18 年 2 月 28 日は経過した。

(4)ア　(2)の後，(3)の時までに，同土地上に，同目録記載(2)の建物が建築された。

　イ　(3)の時，同土地上に，同建物が存在した。

(5)　よって，原告は，被告に対し，上記賃貸借契約終了に基づき，同建物を収去して同土地を明け渡すことを求める。

13　建物収去土地明渡し（所有権に基づく返還請求権としての土地明渡請求権）

(1)　原告は，別紙物件目録記載(1)の土地を所有している。①

(2)　被告は，同土地上に同目録記載(2)の建物を所有して同土地を占有している。②

(3)　よって，原告は，被告に対し，同土地の所有権に基づき，同建物を収去して同土地を明け渡すことを求める。③

　　注①　この記載例は，被告が原告の現在の所有を争っていない例である。被告が所有権を争わないときは，権利自白が成立し，原告はその取得原因事実を主張する必要がなくなる。

　　　②　通常この種の所有権に基づく返還請求の事案では，「被告は不法に（又は「何ら正当な権原なく」）土地を占有している。」と主張される場合が多い。しかし，不法とか正当な権原のないことは原告の主張すべき要件事実ではなく，反対に正当な権原のあることを被告が抗弁として主張すべきである。

　　　③　明渡しを求める土地上に，被告所有の動産が存在する場合は，単に「土地明渡し」だけで足りる（民執 168V）が，建物が地上に存在するときは，「建物収去土地明渡し」を求めなければ，建物収去までの強制執行はできない。

14　土地明渡し（所有権に基づく返還請求権としての土地明渡請求権）

(1)　原告は，平成 18 年 1 月 10 日当時，別紙物件目録記載の土地を所有していた。

(2)　被告は，同土地を占有している。

(3)　よって，原告は，被告に対し，所有権に基づき，同土地の明渡しを求める。

　　注　この記載例は，被告が，原告のもと（平成 18 年 1 月 10 日当時）所有を認めた上で（権利自白），所有権喪失の抗弁（抗弁記載例 21 参照）を主張している例である。

15　土地明渡し（所有権に基づく返還請求権としての土地明渡請求権，不法行為に基づく損害賠償請求権）

(1)　Aは，平成 16 年 1 月 10 日当時，別紙物件目録記載(1)の土地を所

有していた。

⑵　Aは，同日，原告に対し，同土地を代金 1000 万円で売った。①

⑶　被告は，平成 18 年 4 月 9 日，同土地を占有していた。

⑷　被告は，同土地を占有している。②

⑸　同土地の平成 18 年 4 月 9 日以降の相当賃料額は，1 か月 4 万円である。③

⑹　よって，原告は，被告に対し，所有権に基づき，同土地の明渡しを求めるとともに，不法行為に基づき，平成 18 年 4 月 9 日から同土地の明渡済みまで 1 か月 4 万円の割合による損害金の支払を求める。

注①　この記載例は，被告がAから二重に譲渡を受けたとして，原告所有を否認し，Aもと所有を認めたので，原告がAからの所有権取得原因事実を主張した例である。

　　　所有権侵害を理由とする不法行為に基づく損害賠償請求をするためには不法行為時において原告が所有権を有していることが要件事実として必要であるから，それを主張しなければならない。⑴，⑵により，平成 16 年 1 月 10 日に原告が所有権を取得した事実が主張され，請求原因としてはその後原告の所有権が存続するものと扱われるから，不法行為時の原告所有もこの記載で現れている。

②　二つの時点での占有の事実が主張立証されれば，その間の占有の継続は推定されるので（民 186Ⅱ），「平成 18 年 4 月 9 日から現在まで占有している。」と主張する必要はない。

③　「被告が故意又は少なくとも過失により原告の土地の使用収益を妨げ，原告に賃料相当額の損害を与えている。」という事実は，実務上当然のこととして省略することが多い。その場合でも，損害金算定の基礎として相当賃料額が幾らであるかを明らかにしなければならない。

16　機械引渡し（所有権に基づく返還請求権としての機械引渡請求権）

⑴　Aは，平成 17 年 9 月 20 日当時，別紙物件目録記載の工作機械 1

台を所有していた。

⑵　Aは，原告に対し，平成 18 年 1 月 30 日，同機械を代金 400 万円
で売った。

⑶　被告は，同機械を占有している。

⑷　よって，原告は，被告に対し，所有権に基づき，同機械の引渡
しを求める。

　　注　この記載例は，被告がAから二重に譲渡を受けたとして，被告が譲
　　　渡を受けた時点（平成 17 年 9 月 20 日当時）でのA所有を認めたもので
　　　ある（抗弁記載例 23，24 参照）。平成 17 年 9 月 20 日当時のA所有が摘示
　　　されることによりその後のAの所有権喪失の事実が現れない限りA所
　　　有が継続しているものと扱われるから，請求原因としては⑴，⑵の主張
　　　により原告の現在の所有が基礎づけられる。

17　所有権移転登記手続（所有権に基づく妨害排除請求権としての所有権移転登記請求権）

⑴　原告は，昭和 53 年 8 月 26 日，別紙物件目録記載の土地を占有し
ていた。

⑵　原告は，平成 10 年 8 月 26 日経過時，同土地を占有していた。①

⑶　原告は，被告に対し，平成 18 年 10 月 16 日，上記時効を援用する
との意思表示をした。②

⑷　同土地について，別紙登記目録記載の所有権移転登記がある。

⑸　よって，原告は，被告に対し，所有権に基づき，同土地につき，
昭和 53 年 8 月 26 日時効取得を原因とする所有権移転登記手続をす
ることを求める。③

　　（登記目録）

　　○○地方法務局○○支局昭和 57 年 4 月 26 日受付第○○号所有権
　　移転

　　　原　因　　昭和 56 年 9 月 30 日相続

所有者　　（被告の住所氏名）

注①　民法 162 条は，20 年間所有の意思をもって平穏公然に他人の物を占
　　　有した者はその所有権を取得すると規定しているが，必ずしも他人の
　　　物である必要がないとするのが判例，通説であり，また，平穏，公
　　　然，所有の意思（自主占有）は，民法 186 条 1 項によって暫定真実と
　　　されているから，取得時効の完成を主張する者は，20 年間の占有のみ
　　　を主張立証すればよく，これを争う者が，強暴，隠秘や所有の意思が
　　　ないことについて主張立証責任を負うことになる。さらに，民法 186
　　　条 2 項により，占有の継続が推定されるから，20 年間の占有について
　　　も，占有開始時点の占有とそれから 20 年が経過した時点での占有の各
　　　事実を主張立証すれば足りることになる。
　　　　なお，10 年の短期取得時効の完成のためには，さらに占有の始めに
　　　善意無過失であることが必要であるが，善意については民法 186 条 1
　　　項により暫定真実とされるから，二つの時点の占有の事実に加えて，
　　　無過失の評価根拠事実を主張立証すれば足りる。
　　②　時効による権利の得喪は時効が援用されたときに確定的に生ずると
　　　するのが判例であり（最判昭 61.3.17 民集 40.2.420〔10〕），これによ
　　　れば，時効の援用は時効によって不利益を受ける者に対する実体法上
　　　の意思表示（訴訟外でも可）として摘示すべきことになる。
　　③　時効取得による登記は，現在の登記名義人からの所有権移転登記の
　　　方法によるというのが判例，登記実務であり，登記原因の日付は時効
　　　の起算日とする扱いである。

18　抵当権設定登記抹消登記手続（所有権に基づく妨害排除請求権としての抵当権設定登記抹消登記請求権）

⑴　原告は，別紙物件目録記載の土地を所有している。
⑵　同土地について，別紙登記目録記載の抵当権設定登記がある。
⑶　よって，原告は，被告に対し，所有権に基づき，上記抵当権設
　　定登記の抹消登記手続をすることを求める。
　（登記目録）
　　○○地方法務局○○出張所平成 16 年 8 月 3 日受付第○○号抵当

権設定

        原　　因　　平成 16 年 8 月 1 日金銭消費貸借同日設定
        債 権 額　　1000 万円
        利　　息　　年 1 割
        損 害 金　　年 2 割
        債 務 者　　（原告の住所氏名）
        抵当権者　　（被告の住所氏名）

19　所有権移転登記抹消登記手続及びその承諾
　　（Y₁ に対する所有権に基づく妨害排除請求権としての所有権移転
　　登記抹消登記請求権）
　　（Y₂ に対する所有権に基づく妨害排除請求権としての承諾請求権）

⑴　原告は，平成 18 年 1 月 9 日当時，別紙物件目録記載の土地を所
　　有していた。
⑵　同土地について，別紙登記目録記載⑴の所有権移転登記及び同
　　登記目録記載⑵の抵当権設定登記がある。
⑶　平成 18 年 3 月 14 日当時，被告 Y₁ が同土地の所有名義人であっ
　　た。
⑷　よって，原告は，所有権に基づき，同土地につき，被告 Y₁ に
　　対し上記所有権移転登記の抹消登記手続をすることを求めるとと
　　もに，被告 Y₂ に対し上記抹消登記手続の承諾を求める。
　　（登記目録）
　　⑴　省略（平成 18 年 1 月 10 日受付　所有者 Y₁）
　　⑵　省略（平成 18 年 3 月 14 日受付　抵当権者 Y₂）
　注①　Y₁ 名義の所有権移転登記の抹消につき，Y₂ は登記上利害関係を有
　　　する第三者であるから，抹消登記手続について Y₂ の承諾が得られな
　　　いときは，Y₂ に対してその承諾を命じる給付判決を得た上で所有権
　　　移転登記の抹消登記手続をすることになる（不登 68）。

② ⑶は，⑵の抵当権設定登記の権利者である Y_2 が，Y_1 名義の所有権移転登記の抹消について登記上利害関係を有する第三者であることの摘示である。

20 債権者代位（Aの被告に対する所有権に基づく妨害排除請求権としての所有権移転登記抹消登記請求権）

⑴ 原告は，Aに対し，平成 17 年 5 月 20 日，弁済期同年 11 月 30 日，損害金年 21.9%との約定で，400 万円を貸し付けた。

⑵ 平成 17 年 11 月 30 日は経過した。

⑶ Aには，別紙物件目録記載の土地建物以外に原告の上記債権を満足させるに足りる財産はない。

⑷ Aは，平成 18 年 7 月 7 日当時，同土地建物を所有していた。

⑸ 同土地建物について，別紙登記目録記載の所有権移転登記がある。

⑹ よって，原告は，被告に対し，Aに代位して，Aの所有権に基づき，同土地建物につき，上記所有権移転登記の抹消登記手続を求める。

（登記目録）

省略（所有者　被告）

注① 債権者代位訴訟は法定訴訟担当の一つであり，⑴，⑵の被保全債権の発生原因事実，⑶の保全の必要性（債務者の無資力）により原告適格が基礎づけられる。⑷，⑸が訴訟物である権利の発生原因事実である。

② この記載例は，被告が所有権喪失の抗弁として，Aから被告への平成 18 年 7 月 7 日付け売買契約を主張した事案である。

21 詐害行為取消し（詐害行為取消権）

⑴ 原告は，Aに対し，平成 17 年 6 月 1 日，別表記載の建築資材を

代金計 2200 万円で売った。

(2)　Bは，原告との間で，同日，Aの上記売買代金債務を保証するとの合意をした。

(3)　Bの前項の意思表示は保証契約書による。

(4)　Bは，平成 18 年 10 月 23 日当時，別紙物件目録記載の土地建物を所有していた。

(5)　Bは，被告に対し，同日，同土地建物を贈与した。

(6)　Bは，被告に対し，平成 18 年 10 月 24 日，同土地建物につき，上記贈与に基づき，所有権移転登記手続をした。①

(7)　Bには，(5)の当時，同土地建物以外にみるべき資産がなかった。②

(8)　Bは，上記贈与の際，これによって債権者を害することを知っていた。③

(9)　よって，原告は，被告に対し，詐害行為取消権に基づき，同土地建物につき，上記贈与の取消しと上記所有権移転登記の抹消登記手続を求める。

注①　詐害行為としてとらえられるのは贈与契約自体であり（最判昭 55. 1. 24 民集 34. 1. 110〔6〕参照），詐害行為の内容として登記がされた事実を摘示する必要はないが，この例では抹消登記手続を求める前提として必要である。

②　詐害行為の成立要件として，債務者の，法律行為当時の無資力のほか，口頭弁論終結時の無資力も必要であるが，請求原因としては法律行為当時の無資力を主張立証すれば足り，その後に資力を回復したことが抗弁となる。

③　債務者の詐害の意思については，原告に主張立証責任があり，受益者，転得者については，被告においてその善意を主張立証すべきであるとするのが判例，通説である（抗弁記載例 28 参照）。

22　債務不存在確認（消費貸借契約に基づく貸金返還請求権）

⑴　被告は，原告に対し，別紙債権目録記載の債権を有すると主張している。

⑵　よって，原告は，上記債務が存在しないことの確認を求める。

（債権目録）

原被告間の次の消費貸借契約に基づく原告の被告に対する借受金債務

契約締結日　　平成 16 年 11 月 25 日

金　　　額　　100 万円

弁　済　期　　平成 17 年 11 月 25 日

注①　⑴は，確認の利益の基礎となるべき事実（権利関係について当事者間に争いのあること）の主張である。

②　消極的確認訴訟では，攻撃方法としての請求原因である一定の事実主張というものはなく，訴訟物である権利の発生原因事実については，被告にその主張立証責任がある。

23　請求異議（請求異議権）

⑴　原被告間には，被告を債権者，原告を債務者とする○○法務局所属公証人Ａ作成平成 16 年第 4311 号債務弁済契約公正証書が存在し，同公正証書には次の記載がある。

ア　被告は，原告に対し，平成 16 年 10 月 6 日，500 万円を，弁済期平成 17 年 12 月 20 日の約定で貸し付けた。

イ　原告は，上記債務の履行をしなかったときは直ちに強制執行を受けることを認諾する。

⑵　よって，原告は，同公正証書の執行力の排除を求める。

注①　請求異議の訴え（民執 35）は，現実にされた具体的執行行為の取消しを目的とするものではないから，執行行為がされたことは要件では

ない。

②　公正証書に記載されている請求権の発生原因事実と公正証書の成立を根拠づける事実（当事者又はその代理人が公正証書の作成を嘱託し，かつ，執行認諾の意思表示をした事実）は抗弁となり，その請求権の消滅等の事実は再抗弁となる。

24　請求異議（請求異議権）

(1)　原被告間には，〇〇地方裁判所平成 17 年(ワ)第 1234 号売買代金請求事件についての確定判決があり，同判決は，原告に対し，原被告間の平成 16 年 6 月 2 日の別紙物件目録記載の物件の売買契約に基づく売買代金 100 万円及びこれに対する同年 7 月 1 日から支払済みまで年 5 分の割合による遅延損害金を被告に支払うよう命じ，かつ，訴訟費用を原告の負担としている。

(2)　原告は，被告に対し，上記事件の事実審の口頭弁論終結後である平成 18 年 2 月 25 日，上記債務のうち，90 万円を弁済し，その際，被告は，原告に対し，残債務全額を免除するとの意思表示をした。

(3)　よって，原告は，上記判決の執行力の排除を求める。

注　債務名義が確定判決である場合には，判決に表示された請求権の存在が既判力をもって確定されていることが請求原因事実から明らかになるので，原告は，その請求権の消滅等の事実をも請求原因事実として主張立証しなければならない。

25　第三者異議（第三者異議権）

(1)　被告は，Aに対する〇〇地方裁判所平成 17 年(ワ)第 745 号売買代金請求事件の確定判決に基づいて，同裁判所執行官に対し，強制執行の申立てをし，同裁判所執行官は，同年 6 月 24 日，別紙物件目録記載の動産に対し差押えをした。

(2)　Aは，平成 17 年 6 月 20 日当時，同動産を所有していた。

⑶　Aは，原告に対し，同日，同動産を代金 200 万円で売った。

⑷　よって，原告は，上記差押えの排除を求める。

　注①　第三者異議の訴え（民執 38）の場合は，請求異議の訴えの場合と異なり，通常は，具体的執行行為がされたことが前提となり，原告は，排除されるべき執行行為を，債務名義，執行機関，執行行為の時，目的物，執行方法などによって特定することを要する。

　　②　原告は，目的物の所有権が自己にあることを主張し，その取得原因を主張すべきであり，目的物が債務者の所有に属しないというだけでは足りない。

　　③　いわゆる権利抗弁説によれば，請求原因において原告が対抗要件を具備したことを主張する必要はない。

〔抗弁記載例〕

1　同時履行（民 533）

　請求原因記載例 1（テレビの売買契約に基づく代金支払請求）に対し
　　　被告は，原告が本件テレビを引き渡すまで，その代金の支払を拒絶する。
　　注①　同時履行の抗弁は，権利抗弁であるから，同時履行の抗弁権を行使するとの権利主張をする必要がある。この抗弁が認められても，原告の請求が全部棄却されるのではなく，引換給付判決となることについては本文 13 頁参照。
　　　②　原告が目的物を引き渡したとの主張は，この抗弁に対する再抗弁となる。

2　未成年者（民 5 I，II）

　請求原因記載例 1（テレビの売買契約に基づく代金支払請求）に対し
　(1)　被告は，本件売買契約締結当時，19 歳 4 か月であった。
　(2)　被告は，原告に対し，平成 18 年 1 月 23 日，本件売買契約を取り消すとの意思表示をした。

3　錯誤（民 95）

　請求原因記載例 2（土地の売買契約に基づく代金支払請求）に対し
　(1)　被告は，本件売買契約当時，本件土地の南方 50m の地点に〇〇電鉄株式会社の駅が設置される計画はなかったにもかかわらず，その計画があるものと信じていた。

(2)　被告は，原告に対し，本件売買契約の締結に際し，上記計画が
　　あるので本件土地を店舗用地として買い受けると述べた。

4　詐欺（民96 I）

　　請求原因記載例 2（土地の売買契約に基づく代金支払請求）に対
し
(1)　被告が本件売買契約を締結したのは，本件土地の南方 50m の地
　　点に○○電鉄株式会社の駅が設置される計画はなかったにもかか
　　わらず，原告がその計画があると告げて被告を欺き，そのように
　　信じさせたためである。
(2)　被告は，原告に対し，平成 18 年 8 月 25 日，本件売買契約を取り
　　消すとの意思表示をした。

5　被保佐人（民13 I，IV）

　　請求原因記載例 3（保証契約に基づく保証債務履行請求）に対し
(1)　被告は，平成 18 年 6 月 16 日，○○家庭裁判所において，保佐開
　　始の審判を受けた。
(2)　被告は，原告に対し，平成 18 年 10 月 12 日，本件保証契約を取り
　　消すとの意思表示をした。

6　弁済

　　請求原因記載例 4（消費貸借契約に基づく貸金返還請求）に対し
　　　A は，原告に対し，平成 8 年 3 月 13 日，本件貸金債務につき，
　　100 万円を弁済した。

7 消滅時効（民 166 I，167 I，145）

請求原因記載例 4（消費貸借契約に基づく貸金返還請求）に対し
(1) 平成 18 年 3 月 20 日は経過した。①
(2) 被告は，原告に対し，平成 18 年 10 月 13 日の本件口頭弁論期日において，上記時効を援用するとの意思表示をした。②

注① 「権利を行使することができる状態になったこと」については，請求原因で現れているから，抗弁として特に主張立証する必要はなく，消滅時効完成の主張としてはその後の時効期間の経過を主張すれば足りる。

② 時効の援用については取得時効の場合と同様である（請求原因記載例 17 参照）。意思表示が口頭弁論期日や弁論準備手続期日においてされたときは，顕著な事実であることを示すため，それを摘示するのが相当である（本文 40 頁参照）。

時効の援用の対象として，複数の債務が問題になり得る場合には，対象を特定する必要がある。

8 相殺（民 505 I，506 I）

請求原因記載例 5（消費貸借契約に基づく貸金返還請求等）に対し
(1) 被告は，原告に対し，平成 18 年 2 月 10 日，別紙物件目録記載のパソコン 10 台を代金 300 万円で売った。
(2) 被告は，原告に対し，同日，上記売買契約に基づき，同パソコンを引き渡した。
(3) 被告は，原告に対し，平成 18 年 9 月 27 日の本件弁論準備手続期日において，上記代金債権をもって，原告の本訴請求債権とその対当額において相殺するとの意思表示をした。

注 自働債権に同時履行の抗弁権が付着している場合，その存在効果として相殺が許されないとするのが判例，通説であるから，売買契約に基づ

く代金債権を自働債権として主張する場合には，その抗弁権の存在効果
を消滅させるため，目的物の引渡し（厳密にいえば提供で足りる。）を
も主張立証しなければならない。

9 免除 （民519）

請求原因記載例 6 （準消費貸借契約に基づく貸金返還請求）に対
し

原告は，被告に対し，平成 18 年 3 月 6 日，本件元金債務及び遅
延損害金債務を免除するとの意思表示をした。

10 譲渡禁止特約 （民466Ⅱ）

請求原因記載例 7 （譲受債権の請求）に対し
⑴ 被告は，Aとの間で，請求原因⑴の売買契約の際，その代金債
 権の譲渡を禁止するとの合意をした。
⑵ 原告は，請求原因⑵の売買契約の際，上記譲渡禁止の合意を
 知っていた。
 注 債権譲渡禁止特約は，善意，無重過失の譲受人には対抗できず，債務
  者において譲受人の悪意又は重過失の主張立証責任を負うとするのが判
  例であるから，譲渡禁止特約の事実⑴のほか，譲受人の悪意⑵が要件と
  なる。

11 債務者対抗要件 （民467Ⅰ）

請求原因記載例 7 （譲受債権の請求）に対し
請求原因⑵の債権譲渡につき，Aが被告に通知し又は被告が承
諾するまで，原告を債権者と認めない。
注 債務者対抗要件の主張立証責任について権利抗弁説に立つと，債務者
 であることと権利主張が抗弁になるが，被告が債務者であることは，請

求原因で既に現れているので，ここでは権利主張のみを摘示すれば足りる。

12 第三者対抗要件（民467Ⅱ）

請求原因記載例7（譲受債権の請求）に対し

⑴ Aは，Bに対し，平成18年10月17日，請求原因⑴の売買代金債権を代金150万円で売った。

⑵ Aは，被告に対し，同月19日，⑴の債権譲渡を通知した。①

⑶ 請求原因⑵の債権譲渡につき，Aが確定日付のある証書によって被告に通知し又は被告が確定日付のある証書によって承諾するまで，原告を債権者と認めない。②

　　注① 譲受人が債務者対抗要件を欠く状態では，債務者は譲受人を債権者として取り扱う必要がなく，債務者対抗要件を具備した段階で初めて譲受人相互間の優先関係が問題になるから，この事実が必要となる。

　　　② 債権が二重に譲渡されて，いずれの譲渡についても単なる通知又は承諾がされたにとどまる場合は，各譲受人が互いに優先することができず，債務者はいずれの譲受人に対しても弁済を拒絶することができるとの見解を前提とする。

13 対抗要件具備による債権喪失

請求原因記載例7（譲受債権の請求）に対し

⑴ Aは，Bに対し，平成18年10月17日，請求原因⑴の売買代金債権を代金150万円で売った。

⑵ Aは，被告に対し，同月19日，内容証明郵便によって⑴の債権譲渡を通知した。

　　注① 債権が二重に譲渡され，Bが第三者対抗要件を具備することによりAから原告への債権移転の効力が否定されるとの主張である。

　　　② 内容証明郵便による通知は，民法施行法5条1項6号により，確定日付のある証書による通知に当たる。

14 代物弁済（民482）

請求原因記載例 7（譲受債権の請求）に対し
(1) 被告は，平成 17 年 8 月 8 日当時，別紙物件目録記載の土地を所有していた。
(2) 被告は，Aとの間で，同日，請求原因(1)の売買代金の弁済に代えて，同土地の所有権を移転するとの合意をした。
(3) 被告は，Aに対し，同日，上記合意に基づき，同土地につき所有権移転登記手続をした。
　　注　代物弁済による債務消滅の効果が発生するためには対抗要件（登記）の具備まで必要である（最判昭 39.11.26 民集 18.9.1984〔107〕，最判昭 40.4.30 民集 19.3.768〔25〕）。

15 停止条件（民127 I）

請求原因記載例 10（土地建物の売買契約に基づく引渡し及び所有権移転登記請求）に対し
　　原告と被告は，本件売買契約において，Aが被告に対し，平成 18 年 6 月 30 日までに別紙物件目録記載(3)，(4)の土地建物を明け渡すことを停止条件とするとの合意をした。

16 債務不履行解除（民541）

請求原因記載例 10（土地建物の売買契約に基づく引渡し及び所有権移転登記請求）に対し
(1) 原告と被告は，本件売買契約において，引渡し及び登記手続を，平成 18 年 3 月 20 日に，東京都文京区湯島 4 丁目 6 番 6 号所在のA司法書士事務所で行うとの合意をした。
(2) 被告は，平成 18 年 3 月 20 日，本件土地建物を引き渡せる状態に

し，かつ，所有権移転登記手続に必要な書類を用意して，Ａ司法書士事務所に赴いた。①

⑶　被告は，原告に対し，同月 24 日，売買代金 5000 万円の支払を催告した。②

⑷　同月 31 日は経過した。③

⑸　被告は，原告に対し，同年 4 月 3 日，本件売買契約を解除するとの意思表示をした。

　注①　被告は，原告が履行遅滞に陥ったこと（解除権発生の要件）を主張するためには，同時履行の抗弁権が消滅したこと，すなわち，自己の債務の履行の提供をしたことを主張しなければならない。

　　②　債権者が催告の時から相当期間を経過した後にした解除の意思表示は，催告期間が相当であったかどうかにかかわりなく，有効である（最判昭 31.12.6 民集 10.12.1527〔93〕）。

　　③　催告後相当期間が経過したことの主張である。

17　手付解除（民 557 I）

請求原因記載例 10（土地建物の売買契約に基づく引渡し及び所有権移転登記請求）に対し

⑴　原告は，被告との間で，本件売買契約締結に際し，500 万円を手付とすることを合意し，被告に対し，これを交付した。①

⑵　被告は，原告に対し，平成 18 年 2 月 24 日，さいたま市浦和区高砂 3 丁目 16 番 45 号所在の原告宅において，1000 万円を現実に提供し，本件売買契約を解除するとの意思表示をした。②

　注①　手付の交付があると，特約がなくても解除権が留保されたことになる。したがって，手付の交付があった場合，解除権の留保はしないとの合意がされたことが，原告の再抗弁となる。

　　②　手付交付者が手付倍額の受領を拒んでいる場合の手付倍額の提供としては，口頭の提供では足りず現実の提供が必要であるとするのが判例（最判平 6.3.22 民集 48.3.859〔13〕）である。

18 留置権（民 295 I）

請求原因記載例 11（賃貸借契約終了に基づく建物明渡請求等）に
対し
⑴ 被告は，平成 16 年 8 月 9 日，本件建物について別表記載の欠損
箇所を修理した。
⑵ 被告は，別表記載のとおり，上記修理のため 50 万円を支出した。
⑶ 被告は，本件建物を占有している。
⑷ 被告は，⑵の金員の支払を受けるまで，本件建物を留置する。

注① 留置権の抗弁は，権利抗弁の一つであるから，留置権の発生原因事
実の主張のほか，留置権を行使するとの権利主張をする必要がある
（最判昭 27.11.27 民集 6.10.1062）。この抗弁が認められても，原告の
請求が全部棄却されるのではなく，引換給付の判決となることについ
ては本文 13 頁参照。
② 留置権の被担保債権が弁済期にあることを，留置権者において主張
する必要はない（民 295 I ただし書）。

19 建物所有目的（借地借家 2，3，9）

請求原因記載例 12（賃貸借契約終了に基づく建物収去土地明渡請
求）に対し
原告と被告は，本件賃貸借契約において，建物所有を目的とす
ることを合意した。

20 占有権原─賃貸借

請求原因記載例 13（土地所有権に基づく建物収去土地明渡請求）
に対し
⑴ 原告は，被告に対し，平成 13 年 10 月 1 日，本件土地を，賃料 1
か月 5 万円，賃貸期間同日から 30 年間の約定で賃貸した。

⑵　原告は，被告に対し，同日，上記賃貸借契約に基づき，本件土地を引き渡した。

21　所有権喪失―代物弁済

請求原因記載例14（所有権に基づく土地明渡請求）に対し
⑴　Aは，原告に対し，平成17年3月15日，弁済期同年9月15日，利息及び損害金年1割として，1000万円を貸し付けた。
⑵　平成17年9月15日は経過した。
⑶　原告は，Aとの間で，平成18年1月10日，上記貸金元金1000万円並びにこれに対する平成17年3月15日から同年9月15日までの年1割の割合による利息及び同月16日から平成18年1月10日までの年1割の割合による遅延損害金の弁済に代えて，本件土地の所有権を移転するとの合意をした。
　　注　代物弁済による所有権移転の効果は，原則として当事者間の意思表示によって生じ，対抗要件の具備までは必要ないとするのが判例（最判昭57.6.4集民136.39）である。

22　対抗要件具備による所有権喪失―贈与

請求原因記載例15（所有権に基づく土地明渡請求等）に対し
⑴　Aは，被告に対し，平成18年4月3日，本件土地を贈与した。
⑵　Aは，被告に対し，同月4日，上記贈与契約に基づき，本件土地につき所有権移転登記手続をした。
　　注　Aが本件土地を二重に譲渡し，被告が対抗要件（登記）を具備したので，被告が確定的に所有権を取得し，原告への所有権移転が否定されるとの主張である。

23　対抗要件―売買

請求原因記載例16（所有権に基づく機械引渡請求）に対し

⑴　Aは，被告に対し，平成 17 年 9 月 20 日，本件機械を代金 350 万円で売った。

⑵　原告が対抗要件を具備するまで，原告の所有権取得を認めない。

　　注　対抗要件の主張立証責任については権利抗弁説が相当であり，これによれば，ア　対抗要件の欠缺を主張する正当な利益を有する第三者であること，イ　権利主張が要件となる。⑴がアに，⑵がイに当たる。

24　対抗要件具備による所有権喪失―売買

請求原因記載例 16（所有権に基づく機械引渡請求）に対し

⑴　Aは，被告に対し，平成 17 年 9 月 20 日，本件機械を代金 350 万円で売った。

⑵　Aは，同日，本件機械を占有していた。

⑶　Aと被告は，同日，⑴に基づき，以後Aが被告のために本件機械を占有するとの合意をした。

　　注　Aが本件機械を二重に譲渡し，被告が対抗要件（占有改定による引渡し）を具備したので，被告が確定的に所有権を取得し，原告への所有権移転が否定されるとの主張である。

25　他主占有権原－使用貸借

請求原因記載例 17（所有権に基づく所有権移転登記請求）に対し
　被告は，原告に対し，昭和 49 年 10 月 1 日，本件土地を，期間の定めなく，無償で貸し渡した。

26　登記保持権原－抵当権

請求原因記載例 18（所有権に基づく抵当権設定登記抹消登記請求）に対し

⑴　被告は，原告に対し，平成 16 年 8 月 1 日，次の約定で 1000 万円

を貸し付けた。

  弁済期　　平成 17 年 7 月 31 日

  利　息　　年 1 割

  損害金　　年 2 割

⑵　原告と被告は，平成 16 年 8 月 1 日，原告の⑴の債務を担保する
　ため，本件土地に抵当権を設定するとの合意をした。

⑶　原告は，上記抵当権設定契約締結当時，本件土地を所有してい
　た。①

⑷　請求原因⑵の登記は，上記抵当権設定契約に基づく。②

  注①　抵当権設定契約は物権契約であるから，抵当権設定契約締結当時の
　　　　原告所有が要件となる。

　　　②　登記と実体関係との関連性及び手続的適法性が要件である。

27　所有権喪失―売買

　　請求原因記載例 19（所有権に基づく所有権移転登記抹消登記請求
　等）に対し

⑴　原告は，Aに対し，平成 18 年 1 月 9 日，本件土地を代金 1500 万
　円で売った。

⑵　Aは，⑴の際，被告 Y₁ のためにすることを示した。

⑶　被告 Y₁ は，Aに対し，平成 17 年 12 月 25 日，⑴の代理権を授与
　した。

28　受益者の善意（民 424 Ⅰ ただし書）

　　請求原因記載例 21（詐害行為取消請求）に対し

　　被告は，請求原因⑸の贈与の際，その贈与によってBの債権者
　を害することを知らなかった。

〔再抗弁記載例〕

1 制限行為能力者の詐術（民 21）

抗弁記載例 2（未成年者）に対し
　被告は，原告に対し，本件売買契約を締結する際，生年月日欄を改ざんした身分証明書を示しながら，自分は 21 歳であると述べ，そのため原告は被告を成年であると信じた。

2 重過失の評価根拠事実（民 95 ただし書）

抗弁記載例 3（錯誤）に対し
⑴　被告は，本件売買契約締結当時，不動産取引業務に従事していた。
⑵　本件売買契約締結直前のころ，○○電鉄株式会社から本件土地の北方 1 km の地点に駅が設置されることが公表されていた。
⑶　被告は，本件売買契約締結当時，同社に問い合わせるなど，上記計画の有無についての調査をしなかった。

　　注　重過失が規範的要件で，これを根拠づける具体的事実が主要事実になるとの見解に基づく。

3 時効中断（民 147①，153）

抗弁記載例 7（消滅時効）に対し
⑴　原告は，被告に対し，平成 18 年 1 月 16 日，本件貸金債務の履行を催告した。
⑵　原告は，被告に対し，同年 6 月 23 日，本件訴えを提起した。

4 時効援用権の喪失

抗弁記載例7（消滅時効）に対し
　　被告は，原告に対し，平成18年4月22日，本件貸金の支払の猶予を申し入れた。
注　債務者が消滅時効完成後に債権者に対し債務の存在を承認した場合には，時効完成の事実を知らなかったときでも，信義則上時効の援用権を喪失するとするのが判例（最判昭41.4.20民集20.4.702〔29〕）である。

5 承諾

抗弁記載例10（譲渡禁止特約）に対し
　　被告は，Aに対し，平成18年10月13日，Aから原告への債権譲渡を承諾するとの意思表示をした。

6 承諾（民467 I）

抗弁記載例11（債務者対抗要件）に対し
　　被告は，原告に対し，平成18年10月18日，請求原因(2)の債権譲渡を承諾した。
注　この承諾の法的性質は，観念の通知である。

7 確定日付のある証書による通知（民467 II）

抗弁記載例12（第三者対抗要件）に対し
　　Aは，被告に対し，平成18年10月19日，内容証明郵便によって，請求原因(2)の債権譲渡を通知した。

8 異議をとどめない承諾（民468 I）

抗弁記載例14（代物弁済）に対し

被告は，原告に対し，平成 18 年 10 月 18 日，請求原因(2)の債権譲
渡を，異議をとどめないで承諾した。
注 抗弁事由の存在について悪意の譲受人を保護する必要はないから，こ
の再抗弁に対して，譲受人の悪意が再々抗弁になる。過失ある譲受人が
保護されるかについては，見解が分かれている。

9 条件成就（民 127 I）

抗弁記載例 15（停止条件）に対し
Aは，被告に対し，平成 18 年 6 月 30 日，別紙物件目録記載(3)，
(4)の土地建物を明け渡した。

10 弁済の提供（民 492, 493）

抗弁記載例 16（債務不履行解除）に対し
原告は，平成 18 年 3 月 26 日，本件売買代金 5000 万円を持参して
埼玉県和光市南 2 丁目 3 番 8 号所在の被告方に赴き，被告に対し
その受領を求めた。

11 履行の着手（民 557 I）

抗弁記載例 17（手付解除）に対し
原告は，被告に対し，平成 18 年 1 月 20 日，本件売買代金の内金
として 500 万円を支払った。

12 一時使用目的（借地借家 25）

抗弁記載例 19（建物所有目的）に対し
(1) 原告は，被告との間で，本件賃貸借契約において，その期間を

３年間に限るとの合意をした。
(2)　一時使用の評価根拠事実
　　ア　……………………………
　　イ　……………………………
　　注　一時使用の意義については，見解が分かれているが，この記載は，賃
　　　貸借契約を短期間に限って存続させるとの合意に加えて，借地借家法の
　　　適用を必要としない客観的合理的事情のあることを必要とする見解に基
　　　づく。

13　虚偽表示（民94Ⅰ）

抗弁記載例21（所有権喪失—代物弁済）に対し
　原告とＡは，本件代物弁済の際，いずれも代物弁済の合意をす
る意思がないのに，その意思があるもののように仮装することを
合意した。

14　背信的悪意者

抗弁記載例22（対抗要件具備による所有権喪失—贈与）に対し
(1)　被告は，抗弁(1)の贈与の際，請求原因(2)の売買を知っていた。
(2)　背信性の評価根拠事実
　　ア　………………………
　　イ　………………………
　　注　背信的悪意者の主張は，悪意と背信性が要件であり，背信性はいわゆ
　　　る規範的要件である。

15　対抗要件具備（民178）

抗弁記載例23（対抗要件—売買）に対し

Aは，原告に対し，平成 18 年 1 月 30 日，請求原因(2)の売買契約に基づき，本件機械を引き渡した。

16 合意解除

抗弁記載例 26（登記保持権原—抵当権）に対し
　原告と被告は，平成 18 年 3 月 23 日，本件抵当権設定契約を解除するとの合意をした。

17 債務不履行解除（民 541）

抗弁記載例 27（所有権喪失—売買）に対し
(1) 原告は，被告 Y₁ に対し，平成 18 年 2 月 13 日，本件売買契約に基づき，本件土地を引き渡し，かつ，本件土地につき所有権移転登記手続をした。
(2) 原告は，被告 Y₁ に対し，同年 3 月 20 日，本件売買代金のうち 500 万円の支払を催告するとともに，同月 28 日が経過したときは本件売買契約を解除するとの意思表示をした。
(3) 同月 28 日は経過した。
　注　(2)，(3)は，一般に停止条件付解除の意思表示と呼ばれているもので，相当期間を定めて売買代金の催告をすると同時に，買主がその期間内に未払代金を支払わないときは売買契約を解除するとの意思表示をした場合の摘示である。この意思表示を合理的に解釈すると，「その期間が経過したときに解除する。」との一種の停止期限付解除の意思表示と解され，催告金額をその期間内に支払ったことは買主側において主張立証すべきである。実務においては，「買主が催告期間内に未払代金を支払わなかったときは売買契約を解除するとの意思表示をした。」と摘示する例が多いが，弁済を買主側で主張立証すべきとする点は同様である。

〔再々抗弁記載例〕

1 善意の第三者（民 94 Ⅱ）

再抗弁記載例 13（虚偽表示）に対し
(1) Aは，被告に対し，平成 18 年 3 月 10 日，本件土地を代金 1100 万円で売った。
(2) 被告は，上記売買契約の際，再抗弁の事実を知らなかった。
　注　第三者の善意の主張立証責任は，第三者にある（最判昭 41.12.22 民集 20.10.2168〔103〕）。

　　虚偽表示の善意の第三者の権利取得の法的構成については見解が分かれているが，この記載例は，第三者である被告が本件土地の所有権を原告からAを経て順次に承継取得するという見解に基づいて，善意の第三者の主張を再々抗弁に位置づけたものである。第三者である被告が法定の承継取得により原告から直接に本件土地の所有権を取得するという見解によれば，この主張は，再々抗弁ではなく，上記の抗弁，再抗弁を前提とする予備的抗弁に位置づけられる。判例がいずれの見解か明らかではないが，最判昭 42.10.31 民集 21.8.2232〔91〕は，後者の見解を前提にするものと思われる。

2 強迫（民 96 Ⅰ）

再抗弁記載例 16（合意解除）に対し
(1) 被告が本件合意解除に応じたのは，その際原告が暴力団員風の男を同道し，もし被告がこれに応じなければ被告の身体に危害を加えかねない気勢を示して被告を脅し，畏怖させたためである。
(2) 被告は，原告に対し，平成 18 年 5 月 20 日，解除の合意を取り消すとの意思表示をした。

令和元年10月
「10訂民事判決起案の手引」別冊

事 実 摘 示 記 載 例 集

－ 民法（債権関係）改正に伴う補訂版 －

目　　次

請求原因・抗弁・再抗弁・再々抗弁記載例関係一覧表

請 求 原 因	抗 弁	再 抗 弁	再々抗弁
1 売買代金	1 同時履行		
	2 未成年者	1 制限行為能力者の詐術	
2 売買代金 遅延損害金	3 錯誤	2 重過失	
	4 詐欺		
3 保証債務	5 被保佐人		
	5-2 主たる債務者について生じた事由による履行拒絶		
4 貸金	6 弁済		
	7 消滅時効	3 時効の更新	
		3-2 時効の完成猶予	
		4 時効援用権の喪失	
5 貸金（諾成的消費貸借）利息, 遅延損害金	8 相殺		
6 貸金（準消費貸借）遅延損害金	9 免除		
7 譲受債権（売買代金）	10 譲渡制限特約	5 承諾	
	11 債務者対抗要件	6 承諾	
	12 第三者対抗要件	7 確定日付のある証書による通知	
	13 対抗要件具備による債権喪失		
	14 代物弁済	8 抗弁の放棄	
8 約束手形金 利息			
9 契約解除に基づく原状回復			
10 土地建物引渡し・所有権移転登記手続（売買）	15 停止条件	9 条件成就	
	16 債務不履行解除	10 弁済の提供	
	17 手付解除	11 履行の着手	

	請求原因		抗弁		再抗弁		再々抗弁
11	建物明渡し（賃貸借終了）賃料相当損害金	18	留置権				
12	建物収去土地明渡し（賃貸借終了）	19	建物所有目的	12	一時使用目的		
13	建物収去土地明渡し（所有権）	20	占有権原―賃貸借				
14	土地明渡し（所有権）	21	所有権喪失―代物弁済	13	虚偽表示	1	善意の第三者
15	土地明渡し（所有権）賃料相当損害金	22	対抗要件具備による所有権喪失―贈与	14	背信的悪意者		
16	機械引渡し（所有権）	23	対抗要件―売買	15	対抗要件具備		
		24	対抗要件具備による所有権喪失―売買				
17	所有権移転登記手続（所有権）	25	他主占有権原―使用貸借				
18	抵当権設定登記抹消登記手続	26	登記保持権原―抵当権	16	合意解除	2	強迫
19	（Y₁に対し）所有権移転登記抹消登記手続（Y₂に対し）承諾	27	所有権喪失―売買	17	債務不履行解除		
20	債権者代位（所有権移転登記抹消登記手続）						
20-2	債権者代位（所有権移転登記手続）						

	請求原因	抗弁	再抗弁	再々抗弁
21	詐害行為取消し（所有権移転登記抹消登記手続）	28　受益者の善意		
22	債務不存在確認（貸金）			
23	請求異議（公正証書）			
24	請求異議（確定判決）			
25	第三者異議			

〔請求原因記載例〕

*括弧内の表示は，訴訟物たる権利を示す。

1 売買代金（売買契約に基づく代金支払請求権）

⑴ 原告は，被告に対し，令和3年10月3日，大型カラーテレビ1台
（K社製，型式S46-TU3861）を代金100万円で売った。

⑵ よって，原告は，被告に対し，上記売買契約に基づき，代金100
万円の支払を求める。

注① 民法の一部を改正する法律（平成29年法律第44号。以下「改正
法」という。）によって民法の債権関係規定等が改正された。売買に
関しては，改正法による改正前の民法（以下「旧民法」又は「旧民」
という。）560条以下の売主の担保責任の規定が，改正法による改正
後の民法（以下「新民法」又は「新民」という。）561条以下のとお
り改正され（売主は，特定物と不特定物を区別することなく，種類，
品質及び数量に関して売買契約の内容に適合した目的物を引き渡す
債務を負うところ，引き渡された目的物が売買契約の内容に適合し
ないときは，買主は，目的物の修補又は代替物の引渡しなどの追完
請求権の行使〔新民562〕，代金減額請求権の行使〔新民563〕，損害
賠償請求権及び解除権の行使〔新民564〕をすることができる。），権
利移転の対抗要件に係る売主の義務が明文化されたほか（新民560。
請求原因記載例10参照），手付（新民557），買主による代金支払の
拒絶（新民576），買戻しの特約（新民579，581）に関する規定等が
改正された。しかし，売買契約の成立要件を定めた民法555条の改
正はなく，⑴の摘示は改正法の施行後も変更の必要がない。

② 契約の目的物を引き渡したことは，請求原因で主張する必要はな
い（抗弁記載例1参照）。

2 売買代金（売買契約に基づく代金支払請求権，履行遅滞に基づく損害賠償請求権）

⑴　原告は，被告との間で，令和3年2月20日，別紙物件目録記載の土地を代金8000万円，支払期日同年3月末日の約定で売るとの合意をした。

⑵　原告は，被告に対し，令和3年3月末日，上記売買契約に基づき，同土地につき所有権移転登記手続をするとともに，これを引き渡した。①

⑶　令和3年3月末日は経過した。②

⑷　よって，原告は，被告に対し，上記売買契約に基づき，代金8000万円のうち2000万円並びにこれに対する弁済期及び引渡日の翌日である令和3年4月1日から支払済みまで民法所定の年3%の割合による遅延損害金の支払を求める。③④

（物件目録）

　　　埼玉県和光市南2番38
　　　宅　　地　　　364.55 ㎡

注①　売買代金とともに遅延損害金を請求する場合，原告は，売買契約に基づく代金債権に付着する同時履行の抗弁権の存在効果を消滅させるため，請求原因として，契約の目的物につき所有権移転登記手続（及びその引渡し）をしたこと（厳密にいえばその提供で足りる。）をも主張立証しなければならない。

　　　　さらに，民法575条2項本文の「利息」について多数説である遅延利息説に立つと，この規定により，買主の履行遅滞の要件のほかに，その売買契約に基づき目的物を引き渡したこと（引渡しの提供では足りない。）及びその時期をも主張立証しなければならない。

②　このような過去の日時の到来や経過については，実務では，当然のこととしてその記載を省略するのが通例である。

③　代金については一部請求であるが，単なる機械的，数量的な分割に基づく一部請求も請求の特定に欠けるところがないとしてこれを許容する判例によれば，残金であるとの記載は不要である（本文 48 頁参

照)。

④ 旧民法404条において法定利率は年5分と定められていたが，新民法404条は，改正法の施行時の法定利率を年3%とすることとし，その後は，3年ごとに，法務省令で定めるところにより，直近変動期における基準割合と当期における基準割合との差に相当する割合（1％未満の端数は切り捨て）を直近変動期における法定利率に加算又は減算して，各期における法定利率が定められるという変動制を採用した。そして，新民法419条1項により，遅延損害金の額の算定には，債務者が遅滞の責任を負った最初の時点における法定利率が適用される。

なお，民法の一部を改正する法律の施行に伴う関係法律の整備等に関する法律（平成29年法律第45号。以下「整備法」という。）により，商事法定利率年6分の定め（改正法施行前の旧商法514条）は廃止された。

3 保証債務（保証契約に基づく保証債務履行請求権）

⑴ 原告は，Aに対し，令和3年9月16日，別紙物件目録記載の自動車1台を代金200万円で売った。

⑵ 被告は，原告との間で，同日，前項の売買代金債務を保証するとの合意をした。

⑶ 被告の前項の意思表示は保証書による。

⑷ よって，原告は，被告に対し，上記保証契約に基づき，200万円の支払を求める。

注① 被告が連帯保証をした場合でも，連帯の約定は保証契約に付された特約と解されるので，請求原因としては保証契約締結の事実を主張すれば足り，連帯の特約は，催告・検索の抗弁に対する再抗弁となる。

なお，連帯保証人について生じた事由の主債務者に対する効力に関しては，改正法により，連帯保証人に対する履行の請求は主債務者に対してその効力が生じないこととされたほか，債権者及び主債務者が別段の意思表示をしたときは，履行の請求や時効完成等の連帯保証人に生じた事由の主債務者に対する効力は，その意思に従うこととされた（新民458，441）。

② 民法446条2項は，保証契約は書面でしなければ効力を生じないとしているが，この規定の解釈について，保証人の保証意思が書面上に示されていれば足りるとの見解と，保証契約書など債権者及び保証人双方の意思表示がともに書面でされていることを要するとの見解とがあるが，上記⑶の摘示は前者の見解によるものである。なお，平成17年4月1日より前に締結された保証契約については，書面によることは要件とはならない（民法附則（平成16年法律第147号）3条）から上記⑶の摘示は不要である。

③ 保証の基本的な内容に関しては，改正法により，主債務の目的又は態様が保証契約の締結後に加重されたときであっても，保証人の負担は加重されない旨が明文化され（新民448Ⅱ），主たる債務者について生じた事由の効力に関する規定が改正され（新民457。抗弁記載例5-2参照），連帯保証人に関する前記①の改正がされたほか，委託を受けた保証人の求償権に関する規定等（新民459以下）が改正された。

　保証人の保護等の観点からの改正としては，まず，主たる債務等に関する情報の提供義務の規定が新設された（新民458の2，458の3，465の10）。

　また，根保証契約の見直しに関する改正としては，平成16年の民法改正によって，個人が保証人として根保証契約をする際に，貸金等債務を主債務の範囲に含む旨の貸金等根保証契約は，書面又は電磁的記録で極度額を定めなければ効力を生じないとされていたところ（旧民465の2，446ⅡⅢ），改正法により，主債務の範囲に含まれる債務の種類にかかわらず，個人が保証人として根保証契約をする際には，書面又は電磁的記録で極度額を定めなければ効力を生じないこととして（新民465の2），その適用対象が拡張されたほか，貸金等根保証契約について規定されていた元本の確定事由に関する規定（旧民465の4）の一部も個人根保証契約に拡張された（新民465の4）。

　さらに，公証人による保証意思確認の手続が新設された。新民法465条の6は，事業のために負担した貸金等債務を主たる債務とする保証契約又は主たる債務の範囲に事業のために負担する貸金等債務が含まれる根保証契約で，保証人が個人である場合には，原則として，保証人になろうとしていた当該個人が契約締結の日前1箇月以内に作成さ

れた保証意思宣明公正証書で保証債務を履行する意思を表示していなければ，効力が生じないとしている。ただし，例外として，当該個人が，主たる債務者が法人である場合の理事，取締役，執行役又はこれらに準ずる者（新民 465 の 9①），主たる債務者が法人である場合に，その法人の総株主の議決権の過半数を有する者等（新民 465 の 9②），あるいは，個人である主たる債務者と共同して事業を行う者，又は，個人である主たる債務者が行う事業に現に従事している主たる債務者の配偶者（新民 465 の 9③）である場合には，上記規定は適用されない。

4 貸金（消費貸借契約に基づく貸金返還請求権）

⑴ 原告は，A に対し，令和 3 年 3 月 19 日，弁済期を令和 4 年 3 月 19 日として，100 万円を貸し付けた。

⑵ 令和 4 年 3 月 19 日は到来した。

⑶ア A は，令和 8 年 12 月 25 日，死亡した。
　イ 被告は A の子である。

⑷ よって，原告は，被告に対し，上記消費貸借契約に基づき，貸金 100 万円の支払を求める。

　　注 被告が単独で相続したことを主張するためには，他に相続人が存在しないことをも主張すべきであるとの見解もあるが，⑶の記載は，他に相続人が存在することを被告が抗弁として主張すべきであるとの見解による。

5 貸金（諾成的消費貸借契約に基づく貸金返還請求権，利息契約に基づく利息請求権，履行遅滞に基づく損害賠償請求権）

⑴ 原告は，被告に対し，令和 3 年 11 月 2 日，200 万円を次の約定で貸し付けるとの合意をした。
　　　弁済期　　　　　令和 4 年 3 月 31 日
　　　利　息　　　　　月 1%
　　　損害金　　　　　年 15%

(2)　(1)の合意は書面による。①

(3)　原告は，被告に対し，令和3年11月16日，(1)の合意に基づき，200万円を交付した。②

(4)　令和4年3月31日は経過した。

(5)　よって，原告は，被告に対し，上記諾成的消費貸借契約に基づき，元金200万円並びにこれに対する令和3年11月16日から令和4年3月31日まで約定の月1%の割合による利息及び同年4月1日から支払済みまで約定の年15%の割合による遅延損害金の支払を求める。③

注①　改正法により，諾成的消費貸借契約の規定が新設されたところ，諾成的消費貸借契約は，書面又は電磁的記録ですることが必要となる（新民587の2Ⅰ，Ⅳ）。

②　諾成的消費貸借契約に基づいて金銭の返還請求権を行使するには，同契約に基づいて金銭を交付していることが必要となる（新民587の2Ⅰ）。

③　利息の特約があるとき，貸主が借主に対して請求することができるのは，借主が金銭等を受け取った日以後の利息である（新民589Ⅱ）。

6　貸金（準消費貸借契約に基づく貸金返還請求権，履行遅滞に基づく損害賠償請求権）

(1)　原告は，被告から，令和3年2月25日，別紙物件目録記載の建物について，別表記載の外壁修繕工事を報酬200万円で請け負い，同年3月6日，これを完成した。①

(2)　原告は，被告との間で，令和4年2月10日，弁済期を令和5年3月1日として，上記報酬債務200万円をもって消費貸借の目的とすることを約した。②

(3)　令和5年3月1日は経過した。

(4)　よって，原告は，被告に対し，上記準消費貸借契約に基づき，元金200万円及びこれに対する弁済期の翌日である令和5年3月2日から支払済みまで民法所定の年3%の割合による遅延損害金の支払を求める。

注① 準消費貸借契約の成立を主張する側において旧債務の発生原因事実を主張すべきであるとする見解（原告説）と，準消費貸借契約の成立を主張する側は旧債務を他と識別できる程度に特定すれば足り，相手側において旧債務の不存在を主張すべきであるとする見解（被告説，最判昭 43. 2. 16 民集 22. 2. 217〔33〕）とがあるが，この記載例は原告説によるものである。

　② 準消費貸借は，書面によることを要しない諾成契約である。

　③ 改正法により，消費貸借による債務を目的とする準消費貸借も認められることが明確化された（新民 588）。

7　譲受債権（A・被告間の売買契約に基づく代金支払請求権）

⑴　Aは，被告に対し，令和 3 年 6 月 3 日，別表記載の木材を代金 380万円で売った。

⑵　Aは，原告に対し，令和 4 年 10 月 16 日，上記売買代金債権を代金200 万円で売った。

⑶　よって，原告は，被告に対し，A・被告間の上記売買契約に基づき，代金 380 万円の支払を求める。

　注① 債権譲渡が売買や贈与による場合，準物権行為（処分行為）の債権行為（原因行為）からの独自性を否定すべきであるから，債権行為（原因行為）である売買契約や贈与契約の事実を摘示することになる。

　② 債権譲渡の債務者対抗要件の主張立証責任については，権利抗弁説が相当であり，債務者の権利主張（抗弁記載例 11 参照）があったときに，再抗弁として債務者対抗要件の具備（通知又は承諾）を主張すれば足り（再抗弁記載例 6 参照），請求原因でこれを主張する必要はない。

8　約束手形金
　（Y₁ に対する約束手形振出しに基づく約束手形金請求権及び利息請求権）
　（Y₂ に対する約束手形裏書に基づく約束手形金請求権及び利息請求権）

⑴　被告 Y₁ は，別紙手形目録記載の約束手形 1 通を振り出した。①

⑵　被告 Y₂ は，Y₁ 名義の署名のある同目録記載の約束手形に，拒絶証書作成を免除して，裏書をした。②

⑶　同手形の裏面には，第一裏書人 Y₂，第一被裏書人 A，第二裏書人 A，第二被裏書人原告との記載がある。

⑷　原告は，同手形を満期に支払場所に呈示した。

⑸　原告は，同手形を所持している。

⑹　よって，原告は，被告らに対し，合同して手形金 1000 万円及びこれに対する令和 3 年 3 月 31 日から支払済みまで手形法所定の年 3％の割合による利息を支払うことを求める。③

（手形目録）

金　　額	1000 万円
満　　期	令和 3 年 3 月 31 日
支 払 地	東京都文京区
支払場所	○○銀行本郷支店
受 取 人	Y₂
振 出 日	令和 3 年 2 月 1 日
振 出 地	東京都千代田区

注①　被告 Y₁ に対する手形金請求の要件事実は，⑴，⑶，⑸であり，同被告に対する利息請求の要件事実は，⑴，⑶，⑷，⑸である。なお，支払拒絶は要件ではない。

②　被告 Y₂ に対する手形金請求の要件事実は，⑵，⑶，⑸であり（Y₁ の振出しが真正であることは要件でない。），同被告に対する利息請求の要件事実も同一である。拒絶証書作成が免除された場合，⑷の呈示については，手形法 77 条 1 項 4 号，46 条 2 項の解釈上，原告が呈示を主張立証する必要はなく，不呈示が被告 Y₂ の抗弁になると考えるのが相当である。

③　この利息（手 78，28Ⅱ，48Ⅰ②，77Ⅰ④，48Ⅰ②）は，呈示期間内に適法な呈示があった以上，満期日から発生する法定利息であるといわれている（なお，整備法による改正後の手 48Ⅰ②括弧書のとおり，国内において振出しかつ支払うべき為替手形以外の為替手形にあっ

ては年6分の割合とされる。)。

　呈示期間内に呈示がない場合，振出人は無条件に手形金の支払義務を負うが，手形法上の利息の支払義務は負担せず，期間後の手形の呈示の日又はこれに代わるべき訴状などの送達の日の翌日から法定利率年3%（整備法による改正後の手48Ⅰ②，新民404。請求原因記載例2参照）の割合による遅延損害金の支払義務を負う。

9 契約解除に基づく原状回復（契約解除に基づく原状回復請求権としての売買代金返還請求権及び利息請求権）

(1) 原告は，令和3年2月20日，被告から，別紙物件目録記載の建物を代金500万円で買い，同日，同代金を被告に支払った。
(2) 同建物は，同月18日，火災のため焼失した。
(3) 原告は，被告に対し，令和3年3月31日，上記売買契約を解除するとの意思表示をした。
(4) よって，原告は，被告に対し，契約解除に基づく原状回復請求として，売買代金500万円及びこれに対する代金受領日である令和3年2月20日から支払済みまで民法所定の年3%の割合による利息の支払を求める。

　　注　新民法では，契約に基づく債務の履行が原始的不能の場合であっても，当該契約はそのことをもって直ちに無効とはならないものとされている（新民412の2Ⅱ参照）。しかし，債権者は，債務の全部が履行不能であれば，その履行不能について債務者に帰責事由がない場合でも，催告を要することなく，直ちに契約を解除することができる（新民542Ⅰ）。もっとも，例外的に，その履行不能について債権者に帰責事由がある場合には，債権者は契約を解除することができない（新民543）。

10 土地建物引渡し及び所有権移転登記手続（売買契約に基づく土地建物引渡請求権及び所有権移転登記請求権）

(1) 原告は，被告から，令和3年1月8日，別紙物件目録記載(1)，

(2)の土地建物を代金 5000 万円で買った。

(2)　よって，原告は，被告に対し，上記売買契約に基づき，同土地建物を引き渡すとともに，同土地建物につき，上記売買を原因とする所有権移転登記手続をすることを求める。

（物件目録）

(1)　所　　在　　千葉県松戸市新作

　　　地　　番　　1035 番

　　　地　　目　　宅地

　　　地　　積　　165.50 ㎡

(2)　所　　在　　千葉県松戸市新作 1035 番地

　　　家屋番号　　1035 番 2

　　　種　　類　　居宅

　　　構　　造　　木造亜鉛メッキ鋼板葺 2 階建

　　　床 面 積　　1 階　130.50 ㎡

　　　　　　　　　2 階　 55.50 ㎡

注①　改正法により，権利移転の対抗要件に係る売主の義務が明文化されたが（新民 560），このような売主の義務は，改正法による改正前においても売買契約の効果として認められる財産権移転義務の内容であると解されていたものである。しかも，売買契約の成立要件を定めた民法 555 条の改正はなく，(1)の摘示は改正法の施行後も変更の必要がない。

　②　売買契約に基づく請求としては，目的物が被告の所有であるということは要件ではない。

11　建物明渡し（賃貸借契約終了に基づく目的物返還請求権としての建物明渡請求権，履行遅滞に基づく損害賠償請求権）

(1)　原告は，被告に対し，令和 3 年 4 月 1 日，別紙物件目録記載の建物を，期間の定めなく，賃料 1 か月 6 万円で賃貸した。①

(2)　原告は，被告に対し，同日，上記賃貸借契約に基づき，同建物を

引き渡した。

(3)ア　原告は，被告に対し，令和6年9月10日，上記賃貸借契約の解約申入れの意思表示をした。

　　イ　解約申入れの正当事由の評価根拠事実②

　　　(ア)　……………………

　　　(イ)　……………………

(4)　令和7年3月10日は経過した。③

(5)　令和7年3月11日以降の同建物の相当賃料額は，1か月6万円である。④

(6)　よって，原告は，被告に対し，上記賃貸借契約の終了に基づき，同建物の明渡しと賃貸借契約終了の日の翌日である令和7年3月11日から明渡済みまで1か月6万円の割合による遅延損害金の支払を求める。

　　（物件目録）

　　　　埼玉県和光市南2番地38所在

　　　　家屋番号　2番38

　　　　木造瓦葺2階建居宅

　　　　床面積　　1階　72.48 ㎡

　　　　　　　　　2階　56.45 ㎡

注①　改正法により，賃貸借の合意内容として，「引渡しを受けた物を契約が終了したときに返還することを約すること」という文言が追加され，その合意内容が明確化された（新民601）。もっとも，旧民法601条の解釈としても賃貸借の合意内容は同様に解されており，改正法はそのような解釈を明確化したものであるから，(1)の摘示は改正法の施行後も変更の必要がない。

　　②　正当事由は規範的要件であり，これを根拠づける具体的事実（評価根拠事実）が主要事実となるとの見解による。評価根拠事実に対し，正当事由の評価を妨げる具体的事実（評価障害事実）が抗弁となる。

　　③　期間の経過については，期間の末日の経過で摘示するのが通常で

ある。なお，実務ではこの記載を省略するのが通例であることは，日時の経過の場合と同様である。

④ 賃貸借契約成立の主張に関連して，既に賃料額の主張がされているときには，実務では，この主張を独立の請求原因事実として記載することなく，よって書きの中で，例えば，「相当賃料額 1 か月 6 万円の割合…」のように記載する例が多い。

12 建物収去土地明渡し（賃貸借契約終了に基づく目的物返還請求権としての建物収去土地明渡請求権）

(1) 原告は，被告との間で，令和 3 年 3 月 1 日，別紙物件目録記載(1)の土地を，賃貸期間同日から令和 6 年 2 月 29 日まで，賃料 1 か月 5 万円の約定で賃貸するとの合意をした。

(2) 原告は，被告に対し，令和 3 年 3 月 1 日，上記賃貸借契約に基づき，同土地を引き渡した。

(3) 令和 6 年 2 月 29 日は経過した。

(4)ア (2)の後，(3)の時までに，同土地上に，同目録記載(2)の建物が建築された。

イ (3)の時，同土地上に，同建物が存在した。

(5) よって，原告は，被告に対し，上記賃貸借契約終了に基づき，同建物を収去して同土地を明け渡すことを求める。

13 建物収去土地明渡し（所有権に基づく返還請求権としての土地明渡請求権）

(1) 原告は，別紙物件目録記載(1)の土地を所有している。①

(2) 被告は，同土地上に同目録記載(2)の建物を所有して同土地を占有している。②

(3) よって，原告は，被告に対し，同土地の所有権に基づき，同建物を収去して同土地を明け渡すことを求める。③

注① この記載例は，被告が原告の現在の所有を争っていない例である。被告が所有権を争わないときは，権利自白が成立し，原告はその取得原

因事実を主張する必要がなくなる。

② 通常この種の所有権に基づく返還請求の事案では，「被告は不法に（又は「何ら正当な権原なく」）土地を占有している。」と主張される場合が多い。しかし，不法とか正当な権原のないことは原告の主張すべき要件事実ではなく，反対に正当な権原のあることを被告が抗弁として主張すべきである。

③ 明渡しを求める土地上に，被告所有の動産が存在する場合は，単に「土地明渡し」だけで足りる（民執 168Ⅴ）が，建物が地上に存在するときは，「建物収去土地明渡し」を求めなければ，建物収去までの強制執行はできない。

14 土地明渡し（所有権に基づく返還請求権としての土地明渡請求権）

(1) 原告は，令和 4 年 1 月 10 日当時，別紙物件目録記載の土地を所有していた。

(2) 被告は，同土地を占有している。

(3) よって，原告は，被告に対し，所有権に基づき，同土地の明渡しを求める。

　注　この記載例は，被告が，原告のもと（令和 4 年 1 月 10 日当時）所有を認めた上で（権利自白），所有権喪失の抗弁（抗弁記載例 21 参照）を主張している例である。

15 土地明渡し（所有権に基づく返還請求権としての土地明渡請求権，不法行為に基づく損害賠償請求権）

(1) A は，令和 3 年 1 月 10 日当時，別紙物件目録記載(1)の土地を所有していた。

(2) A は，同日，原告に対し，同土地を代金 1000 万円で売った。①

(3) 被告は，令和 5 年 4 月 9 日，同土地を占有していた。

(4) 被告は，同土地を占有している。②

(5) 同土地の令和 5 年 4 月 9 日以降の相当賃料額は，1 か月 4 万円である。③

(6)　よって，原告は，被告に対し，所有権に基づき，同土地の明渡しを求めるとともに，不法行為に基づき，令和5年4月9日から同土地の明渡済みまで1か月4万円の割合による損害金の支払を求める。

注①　この記載例は，被告がAから二重に譲渡を受けたとして，原告所有を否認し，Aもと所有を認めたので，原告がAからの所有権取得原因事実を主張した例である。

　　　所有権侵害を理由とする不法行為に基づく損害賠償請求をするためには不法行為時において原告が所有権を有していることが要件事実として必要であるから，それを主張しなければならない。(1)，(2)により，令和3年1月10日に原告が所有権を取得した事実が主張され，請求原因としてはその後原告の所有権が存続するものと扱われるから，不法行為時の原告所有もこの記載で現れている。

②　二つの時点での占有の事実が主張立証されれば，その間の占有の継続は推定されるので（民186Ⅱ），「令和5年4月9日から現在まで占有している。」と主張する必要はない。

③　「被告が故意又は少なくとも過失により原告の土地の使用収益を妨げ，原告に賃料相当額の損害を与えている。」という事実は，実務上当然のこととして省略することが多い。その場合でも，損害金算定の基礎として相当賃料額が幾らであるかを明らかにしなければならない。

16　機械引渡し（所有権に基づく返還請求権としての機械引渡請求権）

(1)　Aは，令和3年9月20日当時，別紙物件目録記載の工作機械1台を所有していた。

(2)　Aは，原告に対し，令和4年1月30日，同機械を代金400万円で売った。

(3)　被告は，同機械を占有している。

(4)　よって，原告は，被告に対し，所有権に基づき，同機械の引渡しを求める。

注　この記載例は，被告がAから二重に譲渡を受けたとして，被告が譲渡

を受けた時点（令和3年9月20日当時）でのA所有を認めたものである（抗弁記載例23, 24参照）。令和3年9月20日当時のA所有が摘示されることによりその後のAの所有権喪失の事実が現れない限りA所有が継続しているものと扱われるから、請求原因としては(1), (2)の主張により原告の現在の所有が基礎づけられる。

17 所有権移転登記手続（所有権に基づく妨害排除請求権としての所有権移転登記請求権）

(1) 原告は、平成5年8月26日、別紙物件目録記載の土地を占有していた。

(2) 原告は、平成25年8月26日経過時、同土地を占有していた。①

(3) 原告は、被告に対し、令和3年10月16日、上記時効を援用するとの意思表示をした。②

(4) 同土地について、別紙登記目録記載の所有権移転登記がある。

(5) よって、原告は、被告に対し、所有権に基づき、同土地につき、平成5年8月26日時効取得を原因とする所有権移転登記手続をすることを求める。③

（登記目録）

○○地方法務局○○支局平成9年4月25日受付第○○号所有権移転

原　因　　平成8年9月30日相続

所有者　（被告の住所氏名）

注① 民法162条は、20年間所有の意思をもって平穏公然に他人の物を占有した者はその所有権を取得すると規定しているが、必ずしも他人の物である必要がないとするのが判例、通説であり、また、平穏、公然、所有の意思（自主占有）は、民法186条1項によって暫定真実とされているから、取得時効の完成を主張する者は、20年間の占有のみを主張立証すればよく、これを争う者が、強暴、隠秘や所有の意思がないことについて主張立証責任を負うことになる。さらに、民法186

条2項により，占有の継続が推定されるから，20年間の占有について
も，占有開始時点の占有とそれから20年が経過した時点での占有の各
事実を主張立証すれば足りることになる。

　なお，10年の短期取得時効の完成のためには，さらに占有の始めに
善意無過失であることが必要であるが，善意については民法186条1
項により暫定真実とされるから，二つの時点の占有の事実に加えて，
無過失の評価根拠事実を主張立証すれば足りる。

②　時効による権利の得喪は時効が援用されたときに確定的に生ずると
するのが判例であり（最判昭61.3.17民集40.2.420〔10〕），これによ
れば，時効の援用は時効によって不利益を受ける者に対する実体法上
の意思表示（訴訟外でも可）として摘示すべきことになる。

③　時効取得による登記は，現在の登記名義人からの所有権移転登記の
方法によるというのが判例，登記実務であり，登記原因の日付は時効
の起算日とする扱いである。

18　抵当権設定登記抹消登記手続（所有権に基づく妨害排除請求権として の抵当権設定登記抹消登記請求権）

(1)　原告は，別紙物件目録記載の土地を所有している。

(2)　同土地について，別紙登記目録記載の抵当権設定登記がある。

(3)　よって，原告は，被告に対し，所有権に基づき，上記抵当権設定
登記の抹消登記手続をすることを求める。

（登記目録）

○○地方法務局○○出張所令和3年8月3日受付第○○号抵当
権設定

原　　　因　　令和3年8月1日金銭消費貸借同日設定

債 権 額　　1000万円

利　　息　　年1割

損 害 金　　年2割

債 務 者　　（原告の住所氏名）

抵当権者　　（被告の住所氏名）

19　所有権移転登記抹消登記手続及びその承諾

　　（Y₁に対する所有権に基づく妨害排除請求権としての所有権移転
　　登記抹消登記請求権）

　　（Y₂に対する所有権に基づく妨害排除請求権としての承諾請求権）

⑴　原告は，令和 3 年 1 月 7 日当時，別紙物件目録記載の土地を所有
　　していた。
⑵　同土地について，別紙登記目録記載⑴の所有権移転登記及び同登
　　記目録記載⑵の抵当権設定登記がある。
⑶　令和 3 年 3 月 12 日当時，被告 Y₁ が同土地の所有名義人であった。
⑷　よって，原告は，所有権に基づき，同土地につき，被告 Y₁ に対
　　し上記所有権移転登記の抹消登記手続をすることを求めるととも
　　に，被告 Y₂ に対し上記抹消登記手続の承諾を求める。
　　（登記目録）
　　⑴　省略（令和 3 年 1 月 8 日受付　所有者 Y₁）
　　⑵　省略（令和 3 年 3 月 12 日受付　抵当権者 Y₂）
　注①　Y₁ 名義の所有権移転登記の抹消につき，Y₂ は登記上利害関係を有
　　　する第三者であるから，抹消登記手続について Y₂ の承諾が得られな
　　　いときは，Y₂ に対してその承諾を命じる給付判決を得た上で所有権移
　　　転登記の抹消登記手続をすることになる（不登 68）。
　　②　⑶は，⑵の抵当権設定登記の権利者である Y₂ が，Y₁ 名義の所有権移
　　　転登記の抹消について登記上利害関係を有する第三者であることの摘示
　　　である。

20　債権者代位（A の被告に対する所有権に基づく妨害排除請求権と
　　しての所有権移転登記抹消登記請求権）

⑴　原告は，A に対し，令和 3 年 5 月 20 日，弁済期同年 11 月 30 日，
　　損害金年 21.9%との約定で，400 万円を貸し付けた。
⑵　令和 3 年 11 月 30 日は経過した。

(3)　Aには，別紙物件目録記載の土地建物以外に原告の上記債権を満足させるに足りる財産はない。

(4)　Aは，令和4年7月7日当時，同土地建物を所有していた。

(5)　同土地建物について，別紙登記目録記載の所有権移転登記がある。

(6)　よって，原告は，被告に対し，Aに代位して，Aの所有権に基づき，同土地建物につき，上記所有権移転登記の抹消登記手続を求める。

　（登記目録）

　　省略（所有者　被告）

注①　債権者代位訴訟は法定訴訟担当の一つであり，(1)，(2)の被保全債権の発生原因事実，(3)の保全の必要性（債務者の無資力）により原告適格が基礎づけられる。(4)，(5)が訴訟物である権利の発生原因事実である。なお，新民法423条1項は，保全の必要性が債権者代位権の要件であることを明確化している。

　②　この記載例は，被告が所有権喪失の抗弁として，Aから被告への令和4年7月7日付け売買契約を主張した事案である。

　③　債権者代位に関しては，改正法により，旧民法423条が改正されたほか，次のような複数の規定が新設された。従来の一般的な解釈に従って，代位行使の範囲については，被代位権利の目的が可分であるときは，債権者は，自己の債権額の限度においてのみ被代位権利を行使することができること（新民423の2）が，債権者への支払又は引渡しについては，債権者は，被代位権利が金銭の支払又は動産の引渡しを目的とするものであるときは，相手方に対し，その支払又は引渡しを債権者に対してするよう求めることができること（新民423の3）が，相手方の抗弁については，相手方は，債務者に対して主張することができる抗弁をもって，債権者に対抗できること（新民423の4）が，それぞれ明文化された。他方，債務者の取立てその他の処分の権限等については，旧民法下の判例（大判昭和14年5月16日民集18.557）とは異なり，債権者が被代位権利を行使した場合であっても，債務者はその権利について取立てその

他の処分を行うことができ，相手方は債務者に履行することを妨げられないこととされた（新民423の5）。また，債権者は，被代位権利の行使に係る訴えを提起したときは，遅滞なく，債務者に対し，訴訟告知をしなければならない旨の規定が創設された（新民423の6）。

20-2 債権者代位（Aの被告に対するAと被告との間における売買契約に基づく所有権移転登記請求権）

(1) 被告は，Aに対し，令和3年5月20日，別紙物件目録記載の土地（以下「本件土地」という。）を代金1000万円で売った。

(2) Aは，原告に対し，令和3年6月30日，本件土地を代金1100万円で売った。

(3) よって，原告は，被告に対し，Aに代位して，(1)の売買契約に基づき，本件土地につき，(1)の売買を原因とする所有権移転登記手続をすることを求める。

（物件目録）

省略

注 改正法により，転用型の債権者代位権のうち，登記又は登録の請求権を保全するための債権者代位権の規定（新民423の7）が新設された。登記又は登録の請求権を保全するための債権者代位権の行使の要件として，債務者の無資力は不要と解される。

21 詐害行為取消し（詐害行為取消権）

(1) 原告は，Aに対し，令和3年6月1日，別表記載の建築資材を代金計2200万円で売った。

(2) Bは，原告との間で，同日，Aの上記売買代金債務を保証するとの合意をした。

(3) Bの前項の意思表示は保証契約書による。

⑷　Ｂは，令和 4 年 10 月 23 日当時，別紙物件目録記載の土地建物を所有していた。

⑸　Ｂは，被告に対し，同日，同土地建物を贈与した。

⑹　Ｂは，被告に対し，令和 4 年 10 月 24 日，同土地建物につき，上記贈与に基づき，所有権移転登記手続をした。①

⑺　Ｂには，⑸の当時，同土地建物以外にみるべき資産がなかった。②

⑻　Ｂは，上記贈与の際，これによって債権者を害することを知っていた。③

⑼　よって，原告は，被告に対し，詐害行為取消権に基づき，同土地建物につき，上記贈与の取消しと上記所有権移転登記の抹消登記手続を求める。

注①　この記載例は，贈与契約を詐害行為としてとらえた例であり，詐害行為の内容として登記がされた事実を摘示する必要はないが，抹消登記手続を求める前提として必要である。

②　詐害行為の成立要件として，債務者の，法律行為当時の無資力のほか，口頭弁論終結時の無資力も必要であるが，請求原因としては法律行為当時の無資力を主張立証すれば足り，その後に資力を回復したことが抗弁となる。

③　債務者の詐害の意思については，原告に主張立証責任があり，受益者については，被告においてその善意を主張立証すべきであると解される（新民 424 Ⅰ。抗弁記載例 28 参照）。改正法により，詐害行為取消権の被保全債権は，詐害行為の前の原因に基づいて生じたものであること（新民 424 Ⅲ），被保全債権が強制執行により実現できるものであること（新民 424 Ⅳ）が要件であることが明示された。

④　改正法により，受益者ではなく転得者に対して詐害行為取消請求をする場合には，受益者に対して詐害行為取消請求をすることができることに加えて，転得者の悪意（債務者がした行為が債権者を害することを知っていたこと）が要件となることとされた（新民 424 の 5）。

⑤　改正法により，詐害行為取消請求を容認する確定判決は，被告とな

った者だけでなく，債務者及び全ての債権者に対し，その効力が及ぶ
こととされた（新民425）。なお，債権者は，詐害行為取消請求に係る
訴えを提起したときは，遅滞なく，債務者に対し，訴訟告知をしなけ
ればならない（新民424の7Ⅱ）。

22 債務不存在確認（消費貸借契約に基づく貸金返還請求権）

(1) 被告は，原告に対し，別紙債権目録記載の債権を有すると主張し
ている。

(2) よって，原告は，上記債務が存在しないことの確認を求める。
（債権目録）
原被告間の次の消費貸借契約に基づく原告の被告に対する借受
金債務
契約締結日　　令和3年11月25日
金　　　額　　100万円
弁　済　期　　令和4年11月25日

注①　(1)は，確認の利益の基礎となるべき事実（権利関係について当事者
間に争いのあること）の主張である。

②　消極的確認訴訟では，攻撃方法としての請求原因である一定の事実
主張というものはなく，訴訟物である権利の発生原因事実について
は，被告にその主張立証責任がある。

23 請求異議（請求異議権）

(1) 原被告間には，被告を債権者，原告を債務者とする○○法務局所
属公証人A作成令和3年第4311号債務弁済契約公正証書が存在し，
同公正証書には次の記載がある。
ア　被告は，原告に対し，令和3年10月6日，500万円を，弁済期令
和4年12月20日の約定で貸し付けた。
イ　原告は，上記債務の履行をしなかったときは直ちに強制執行

を受けることを認諾する。

(2)　よって，原告は，同公正証書の執行力の排除を求める。

注①　請求異議の訴え（民執35）は，現実にされた具体的執行行為の取消しを目的とするものではないから，執行行為がされたことは要件ではない。

②　公正証書に記載されている請求権の発生原因事実と公正証書の成立を根拠づける事実（当事者又はその代理人が公正証書の作成を嘱託し，かつ，執行認諾の意思表示をした事実）は抗弁となり，その請求権の消滅等の事実は再抗弁となる。

24　請求異議（請求異議権）

(1)　原被告間には，○○地方裁判所令和4年（ワ）第1234号売買代金請求事件についての確定判決があり，同判決は，原告に対し，原被告間の令和3年6月2日の別紙物件目録記載の物件の売買契約に基づく売買代金100万円及びこれに対する同年7月1日から支払済みまで年3%の割合による遅延損害金を被告に支払うよう命じ，かつ，訴訟費用を原告の負担としている。

(2)　原告は，被告に対し，上記事件の事実審の口頭弁論終結後である令和5年2月25日，上記債務のうち，90万円を弁済し，その際，被告は，原告に対し，残債務全額を免除するとの意思表示をした。

(3)　よって，原告は，上記判決の執行力の排除を求める。

注　債務名義が確定判決である場合には，判決に表示された請求権の存在が既判力をもって確定されていることが請求原因事実から明らかになるので，原告は，その請求権の消滅等の事実をも請求原因事実として主張立証しなければならない。

25　第三者異議（第三者異議権）

(1)　被告は，Aに対する○○地方裁判所令和3年（ワ）第745号売買代金

請求事件の確定判決に基づいて，同裁判所執行官に対し，強制執行の申立てをし，同裁判所執行官は，同年6月24日，別紙物件目録記載の動産に対し差押えをした。

⑵　Aは，令和3年6月20日当時，同動産を所有していた。

⑶　Aは，原告に対し，同日，同動産を代金200万円で売った。

⑷　よって，原告は，上記差押えの排除を求める。

注①　第三者異議の訴え（民執38）の場合は，請求異議の訴えの場合と異なり，通常は，具体的執行行為がされたことが前提となり，原告は，排除されるべき執行行為を，債務名義，執行機関，執行行為の時，目的物，執行方法などによって特定することを要する。

②　原告は，目的物の所有権が自己にあることを主張し，その取得原因を主張すべきであり，目的物が債務者の所有に属しないというだけでは足りない。

③　いわゆる権利抗弁説によれば，請求原因において原告が対抗要件を具備したことを主張する必要はない。

〔抗弁記載例〕

1 同時履行（新民533）

請求原因記載例 1（テレビの売買契約に基づく代金支払請求）に
対し
　　被告は，原告が本件テレビを引き渡すまで，その代金の支払を拒
絶する。
　注① 　新民法 533 条では，同時履行の対象となる債務の履行には，本来の
　　　　債務の履行に代わる損害賠償の債務の履行を含むことが明記された。
　　　　もっとも，この記載例は，本来の債務の履行との同時履行の抗弁を主
　　　　張するものである。
　　② 　同時履行の抗弁は，権利抗弁であるから，同時履行の抗弁権を行使
　　　　するとの権利主張をする必要がある。この抗弁が認められても，原告
　　　　の請求が全部棄却されるのではなく，引換給付判決となることについ
　　　　ては本文 13 頁参照。
　　③ 　原告が目的物を引き渡したとの主張は，この抗弁に対する再抗弁と
　　　　なる。

2 未成年者（民5Ⅰ，Ⅱ）

請求原因記載例 1（テレビの売買契約に基づく代金支払請求）に
対し
(1)　被告は，本件売買契約締結当時，17 歳 4 か月であった。
(2)　被告は，原告に対し，令和 3 年 1 月 23 日，本件売買契約を取り消
　　すとの意思表示をした。

3 錯誤（新民95 I，II）

請求原因記載例2（土地の売買契約に基づく代金支払請求）に対し

⑴ 被告は，本件売買契約当時，本件土地の南方 50mの地点に○○電鉄株式会社の駅が設置される計画はなかったにもかかわらず，その計画があるものと信じていた。

⑵ 本件売買契約の際，上記計画があるとの事情があるので被告が本件土地を店舗用地として買い受けることが表示されていた。

⑶ 被告は，原告に対し，令和3年8月25日，本件売買契約を取り消すとの意思表示をした。

注 新民法95条により，動機の錯誤に関する規律が明確化されるとともに，錯誤の効果が，無効から取消しへと改められた。

4 詐欺（民96 I）

請求原因記載例2（土地の売買契約に基づく代金支払請求）に対し

⑴ 被告が本件売買契約を締結したのは，本件土地の南方 50mの地点に○○電鉄株式会社の駅が設置される計画はなかったにもかかわらず，原告がその計画があると告げて被告を欺き，そのように信じさせたためである。

⑵ 被告は，原告に対し，令和3年8月25日，本件売買契約を取り消すとの意思表示をした。

5 被保佐人（民13 I，IV）

請求原因記載例3（保証契約に基づく保証債務履行請求）に対し

⑴ 被告は，令和3年6月18日，○○家庭裁判所において，保佐開始の審判を受けた。

(2)　被告は，原告に対し，令和3年10月12日，本件保証契約を取り消すとの意思表示をした。

5-2　主たる債務者について生じた事由による履行拒絶（新民 457Ⅲ）

請求原因記載例3（保証契約に基づく保証債務履行請求）に対し
(1)　Aは，原告に対し，令和3年12月15日，弁済期を令和4年3月15日とする約定で，100万円を貸し付けた。
(2)　令和4年3月15日は到来した。
(3)　被告は，原告に対し，Aが原告に対して有する上記(1)の消費貸借契約に基づく貸金債権100万円を自働債権とし，請求原因(1)の売買契約に基づく原告のAに対する売買代金債権200万円を受働債権として，その対当額において相殺することにより，Aが上記の原告のAに対する売買代金債権200万円に係る債務の支払を免れるべき限度で，保証債務の履行を拒絶する。
　注　新民法457条3項により，保証人は，主たる債務者が債権者に対して有する相殺権等の行使によってその債務を免れるべき限度で，保証債務の履行を拒絶できる（履行拒絶の抗弁権）。

6　弁済（新民473）

請求原因記載例4（消費貸借契約に基づく貸金返還請求）に対し
　Aは，原告に対し，令和4年3月13日，本件貸金債務につき，100万円を弁済した。
　注①　新民法473条により，弁済が債務消滅事由であることが明文化された。旧民法でも，弁済は債務消滅事由と解されており，弁済の要件は，債務者から債権者に対し給付がされたこと，及び，その給付がその債務の履行としてされたこと，であると解されていた（最判昭 30.7.15 民集 9.9.1058〔67〕参照）。

② 新民法 591 条 2 項では，消費貸借契約においては，返還時期の定めの有無にかかわらず，借主がいつでも返還できることが明示された。

7 消滅時効（新民 166 I，145）

請求原因記載例 4（消費貸借契約に基づく貸金返還請求）に対し
(1) 令和 9 年 3 月 19 日は経過した。①
(2) 被告は，原告に対し，令和 9 年 10 月 13 日の本件口頭弁論期日において，上記時効を援用するとの意思表示をした。②

注① 新民法 166 条 1 項 1 号によれば，「債権者が権利を行使することができることを知った時」（主観的起算点）から消滅時効の期間が進行するから，例えば，不確定期限の付された契約上の債権などの場合には，抗弁として，「債権者が権利を行使することができることを知った時」の要件に該当する事実の主張立証が必要になると考えられる。もっとも，確定期限の付された契約上の債権の場合には，債権者が「権利を行使することができる時」に権利行使の可能性を認識しているのが通常であるため，「債権者が権利を行使することができることを知った時」（主観的起算点）と「権利を行使することができる時」（客観的起算点）とが一致するといえる。この記載例では，請求原因記載例 4 において確定期限としての弁済期の定め及びその到来が摘示されており，客観的起算点と主観的起算点の双方が現れていると見ることができるため，消滅時効完成の主張としてはその後の時効期間の経過（5 年）を主張すれば足りると解される。

② 時効の援用については取得時効の場合と同様である（請求原因記載例 17 参照）。意思表示が口頭弁論期日や弁論準備手続期日においてされたときは，顕著な事実であることを示すため，それを摘示するのが相当である（本文 40 頁参照）。

時効の援用の対象として，複数の債務が問題になり得る場合には，対象を特定する必要がある。

③ 改正法の施行日前に債権が生じた場合（施行日以後に債権が生じた

場合であって，その原因である法律行為が施行日前にされたときを含む。）におけるその債権の消滅時効の期間については，新民法166条の規定にかかわらず，なお従前の例による（改正法附則10Ⅰ，Ⅳ）。

8 相殺（民505Ⅰ，506Ⅰ）

請求原因記載例5（諾成的消費貸借契約に基づく貸金返還請求等）に対し
⑴ 被告は，原告に対し，令和4年2月10日，別紙物件目録記載のパソコン10台を代金300万円で売った。
⑵ 被告は，原告に対し，同日，上記売買契約に基づき，同パソコンを引き渡した。
⑶ 被告は，原告に対し，令和4年9月27日の本件弁論準備手続期日において，上記代金債権をもって，原告の本訴請求債権とその対当額において相殺するとの意思表示をした。
　　注　自働債権に同時履行の抗弁権が付着している場合，その存在効果として相殺が許されないとするのが判例，通説であるから，売買契約に基づく代金債権を自働債権として主張する場合には，その抗弁権の存在効果を消滅させるため，目的物の引渡し（厳密にいえば提供で足りる。）をも主張立証しなければならない。

9 免除（民519）

請求原因記載例6（準消費貸借契約に基づく貸金返還請求）に対し
　　原告は，被告に対し，令和5年3月8日，本件元金債務及び遅延損害金債務を免除するとの意思表示をした。

10 譲渡制限特約（新民466Ⅱ，Ⅲ）

請求原因記載例 7（譲受債権の請求）に対し

(1)　被告は，Ａとの間で，請求原因(1)の売買契約の際，その代金債権の譲渡を禁止するとの合意をした。

(2)　原告は，請求原因(2)の売買契約の際，上記譲渡禁止の合意を知っていた。

(3)　被告は，原告に対し，請求原因(1)の売買契約に基づく代金債務の履行を拒絶する。

　注　当事者が債権の譲渡を禁止し，又は制限する旨の意思表示（以下「譲渡制限の意思表示」という。）をしたときであっても，債権の譲渡は，その効力を妨げられない（新民 466 II）が，譲渡制限の意思表示がされたことを知り，又は重大な過失によって知らなかった譲受人その他の第三者に対しては，債務者は，その債務の履行を拒むことができる（新民 466 III）から，この記載例では，(1)譲渡禁止特約の事実のほか，(2)譲受人の悪意及び(3)履行拒絶の権利主張が要件となる。

11　債務者対抗要件（新民 467 I ）

請求原因記載例 7（譲受債権の請求）に対し

　請求原因(2)の債権譲渡につき，Ａが被告に通知し又は被告が承諾するまで，原告を債権者と認めない。

　注　債務者対抗要件の主張立証責任について権利抗弁説に立つと，債務者であることと権利主張が抗弁になるが，被告が債務者であることは，請求原因で既に現れているので，ここでは権利主張のみを摘示すれば足りる。

12　第三者対抗要件（民 467 II ）

請求原因記載例 7（譲受債権の請求）に対し

(1)　Ａは，Ｂに対し，令和 4 年 10 月 17 日，請求原因(1)の売買代金債権を代金 150 万円で売った。

⑵　Aは，被告に対し，同月19日，⑴の債権譲渡を通知した。①
⑶　請求原因⑵の債権譲渡につき，Aが確定日付のある証書によって被告に通知し又は被告が確定日付のある証書によって承諾するまで，原告を債権者と認めない。②

注①　譲受人が債務者対抗要件を欠く状態では，債務者は譲受人を債権者として取り扱う必要がなく，債務者対抗要件を具備した段階で初めて譲受人相互間の優先関係が問題になるから，この事実が必要となる。
　②　債権が二重に譲渡されて，いずれの譲渡についても単なる通知又は承諾がされたにとどまる場合は，各譲受人が互いに優先することができず，債務者はいずれの譲受人に対しても弁済を拒絶することができるとの見解を前提とする。

13　対抗要件具備による債権喪失

請求原因記載例7（譲受債権の請求）に対し
⑴　Aは，Bに対し，令和4年10月17日，請求原因⑴の売買代金債権を代金150万円で売った。
⑵　Aは，被告に対し，同月19日，内容証明郵便によって⑴の債権譲渡を通知した。

注①　債権が二重に譲渡され，Bが第三者対抗要件を具備することによりAから原告への債権移転の効力が否定されるとの主張である。
　②　内容証明郵便による通知は，民法施行法5条1項6号により，確定日付のある証書による通知に当たる。

14　代物弁済（新民482）

請求原因記載例7（譲受債権の請求）に対し
⑴　被告は，令和3年8月6日当時，別紙物件目録記載の土地を所有していた。
⑵　被告は，Aとの間で，同日，請求原因⑴の売買代金の弁済に代えて，同土地の所有権を移転するとの合意をした。

(3) 被告は，Aに対し，同日，上記合意に基づき，同土地につき所有権移転登記手続をした。

　注　改正法により，代物弁済契約は，弁済をすることができる者が，債権者との間で，債務者の負担した給付に代えて他の給付をすることにより債務を消滅させる旨の諾成契約であると規定された（新民 482）。代物弁済による債務消滅の効果が発生するためには，代物弁済の合意の履行として当該他の給付がされることを要し（新民 482），他の給付の完了として対抗要件（登記）の具備まで必要である（最判昭 39.11.26 民集 18.9.1984〔107〕，最判昭 40.4.30 民集 19.3.768〔25〕参照）。

15　停止条件（民 127 I）

請求原因記載例 10（土地建物の売買契約に基づく引渡し及び所有権移転登記請求）に対し

原告と被告は，本件売買契約において，Aが被告に対し，令和 3 年 6 月 30 日までに別紙物件目録記載(3)，(4)の土地建物を明け渡すことを停止条件とするとの合意をした。

16　債務不履行解除（新民 541）

請求原因記載例 10（土地建物の売買契約に基づく引渡し及び所有権移転登記請求）に対し

(1) 原告と被告は，本件売買契約において，引渡し及び登記手続を，令和 3 年 3 月 22 日に，東京都文京区湯島 4 丁目 6 番 6 号所在の A 司法書士事務所で行うとの合意をした。

(2) 被告は，令和 3 年 3 月 22 日，本件土地建物を引き渡せる状態にし，かつ，所有権移転登記手続に必要な書類を用意して，A 司法書士事務所に赴いた。①

(3) 被告は，原告に対し，同月 24 日，売買代金 5000 万円の支払を催告した。②

⑷　同月 31 日は経過した。③

⑸　被告は，原告に対し，同年 4 月 3 日，本件売買契約を解除すると
の意思表示をした。

注①　被告は，原告が履行遅滞に陥ったこと（解除権発生の要件）を主張
するためには，同時履行の抗弁権が消滅したこと，すなわち，自己の債
務の履行の提供をしたことを主張しなければならない。

②　債権者が催告の時から相当期間を経過した後にした解除の意思表示
は，催告期間が相当であったかどうかにかかわりなく，有効である（最
判昭 31.12.6 民集 10.12.1527〔93〕）。

③　催告後相当期間が経過したことの主張である。

④　新民法においても，旧民法 541 条によるのと同様に，債務者が債務
を履行しない場合，債権者は，相当の期間を定めて催告をした上で，
契約を解除することができるとされている（新民 541 条本文）。新民
法では，相当の期間を経過した時における債務不履行がその契約及び
取引上の社会通念に照らして軽微であるときは，債権者は契約を解除
することができない（新民 541 ただし書）として，催告解除が制限さ
れる要件が明文化された。事案によっては，催告による解除の抗弁に
対して，不履行の軽微性の評価根拠事実（不履行の軽微性を規範的要
件と解する立場による。）を再抗弁として主張し得るものと考えられ
る。

17　手付解除（新民 557 I）

請求原因記載例 10（土地建物の売買契約に基づく引渡し及び所有
権移転登記請求）に対し

⑴　原告は，被告との間で，本件売買契約締結に際し，500 万円を手付
とすることを合意し，被告に対し，これを交付した。①

⑵　被告は，原告に対し，令和 3 年 2 月 24 日，さいたま市浦和区高砂
3 丁目 16 番 45 号所在の原告宅において，1000 万円を現実に提供し，
本件売買契約を解除するとの意思表示をした。②

注① 手付の交付があると，特約がなくても解除権が留保されたことになる。したがって，手付の交付があった場合，解除権の留保はしないとの合意がされたことが，原告の再抗弁となる。

　② 改正法により，手付倍戻しによる解除のためには，口頭の提供では足りず現実の提供が必要であることが明示された（新民 557 I）。

18 留置権（民 295 I）

請求原因記載例 11（賃貸借契約終了に基づく建物明渡請求等）に対し

(1) 被告は，令和 5 年 8 月 9 日，本件建物について別表記載の欠損箇所を修理した。

(2) 被告は，別表記載のとおり，上記修理のため 50 万円を支出した。

(3) 被告は，本件建物を占有している。

(4) 被告は，(2)の金員の支払を受けるまで，本件建物を留置する。

注① 留置権の抗弁は，権利抗弁の一つであるから，留置権の発生原因事実の主張のほか，留置権を行使するとの権利主張をする必要がある（最判昭 27.11.27 民集 6.10.1062）。この抗弁が認められても，原告の請求が全部棄却されるのではなく，引換給付の判決となることについては本文 13 頁参照。

　② 留置権の被担保債権が弁済期にあることを，留置権者において主張する必要はない（民 295 I ただし書）。

19 建物所有目的（借地借家 2，3，9）

請求原因記載例 12（賃貸借契約終了に基づく建物収去土地明渡請求）に対し

原告と被告は，本件賃貸借契約において，建物所有を目的とすることを合意した。

20 占有権原—賃貸借

請求原因記載例 13（土地所有権に基づく建物収去土地明渡請求）に対し

⑴　原告は，被告に対し，令和 3 年 10 月 1 日，本件土地を，賃料 1 か月 5 万円，賃貸期間同日から 30 年間の約定で賃貸した。

⑵　原告は，被告に対し，同日，上記賃貸借契約に基づき，本件土地を引き渡した。

21 所有権喪失—代物弁済

請求原因記載例 14（所有権に基づく土地明渡請求）に対し

⑴　A は，原告に対し，令和 3 年 3 月 15 日，弁済期同年 9 月 15 日，利息及び損害金年 10％として，1000 万円を貸し付けた。

⑵　令和 3 年 9 月 15 日は経過した。

⑶　原告は，A との間で，令和 4 年 1 月 10 日，上記貸金元金 1000 万円並びにこれに対する令和 3 年 3 月 15 日から同年 9 月 15 日までの年 10％の割合による利息及び同月 16 日から令和 4 年 1 月 10 日までの年 10％の割合による遅延損害金の弁済に代えて，本件土地の所有権を移転するとの合意をした。

　　注　代物弁済は諾成契約であり（新民 482），代物弁済による所有権移転の効果は，原則として当事者間の意思表示によって生じ，対抗要件の具備までは必要ない。

22 対抗要件具備による所有権喪失—贈与

請求原因記載例 15（所有権に基づく土地明渡請求等）に対し

⑴　A は，被告に対し，令和 5 年 4 月 3 日，本件土地を贈与した。

⑵　A は，被告に対し，同月 4 日，上記贈与契約に基づき，本件土地につき所有権移転登記手続をした。

　　注　A が本件土地を二重に譲渡し，被告が対抗要件（登記）を具備した

ので，被告が確定的に所有権を取得し，原告への所有権移転が否定される
との主張である。

23　対抗要件─売買

請求原因記載例16（所有権に基づく機械引渡請求）に対し
(1)　Aは，被告に対し，令和3年9月20日，本件機械を代金350万円
で売った。
(2)　原告が対抗要件を具備するまで，原告の所有権取得を認めない。
　　注　対抗要件の主張立証責任について権利抗弁説に立つと，ア　対抗要件の
　　欠缺を主張する正当な利益を有する第三者であること，イ　権利主張が要
　　件となる。(1)がアに，(2)がイに当たる。

24　対抗要件具備による所有権喪失─売買

請求原因記載例16（所有権に基づく機械引渡請求）に対し
(1)　Aは，被告に対し，令和3年9月20日，本件機械を代金350万円
で売った。
(2)　Aは，同日，本件機械を占有していた。
(3)　Aと被告は，同日，(1)に基づき，以後Aが被告のために本件機械
を占有するとの合意をした。
　　注　Aが本件機械を二重に譲渡し，被告が対抗要件（占有改定による引
　　渡し）を具備したので，被告が確定的に所有権を取得し，原告への所有権
　　移転が否定されるとの主張である。

25　他主占有権原─使用貸借

請求原因記載例17（所有権に基づく所有権移転登記請求）に対し
　　被告は，原告に対し，平成2年10月1日，本件土地を，期間の
定めなく，無償で貸し渡した。

注　改正法により，使用貸借契約は，要物契約から諾成契約へ改められた（新民593）が，本件では，経過措置（改正法附則34Ⅰ）により，旧民法が適用される。

26　登記保持権原－抵当権

請求原因記載例18（所有権に基づく抵当権設定登記抹消登記請求）に対し

⑴　被告は，原告に対し，令和3年8月1日，次の約定で1000万円を貸し付けた。

　　　弁済期　　　令和4年7月31日

　　　利　息　　　年1割

　　　損害金　　　年2割

⑵　原告と被告は，令和3年8月1日，原告の⑴の債務を担保するため，本件土地に抵当権を設定するとの合意をした。

⑶　原告は，上記抵当権設定契約締結当時，本件土地を所有していた。①

⑷　請求原因⑵の登記は，上記抵当権設定契約に基づく。②

　注①　抵当権設定契約は物権契約であるから，抵当権設定契約締結当時の原告所有が要件となる。

　　②　登記と実体関係との関連性及び手続的適法性が要件である。

27　所有権喪失―売買

請求原因記載例19（所有権に基づく所有権移転登記抹消登記請求等）に対し

⑴　原告は，Aに対し，令和3年1月7日，本件土地を代金1500万円で売った。

⑵　Aは，⑴の際，被告Y₁のためにすることを示した。

⑶　被告Y₁は，Aに対し，令和2年12月25日，⑴の代理権を授与し

た。

28　受益者の善意（民 424 I ただし書）

請求原因記載例 21（詐害行為取消請求）に対し
　被告は，請求原因(5)の贈与の際，その贈与によって B の債権者
を害することを知らなかった。

〔再抗弁記載例〕

1 制限行為能力者の詐術（民21）

抗弁記載例2（未成年者）に対し

　被告は，原告に対し，本件売買契約を締結する際，生年月日欄を改ざんした身分証明書を示しながら，自分は21歳であると述べ，そのため原告は被告を成年であると信じた。

2 重過失の評価根拠事実（新民95Ⅲ）

抗弁記載例3（錯誤）に対し
⑴　被告は，本件売買契約締結当時，不動産取引業務に従事していた。
⑵　本件売買契約締結直前のころ，○○電鉄株式会社から本件土地の北方1kmの地点に駅が設置されることが公表されていた。
⑶　被告は，本件売買契約締結当時，同社に問い合わせるなど，上記計画の有無についての調査をしなかった。
　　注　重過失が規範的要件で，これを根拠づける具体的事実が主要事実になるとの見解に基づく。

3 時効の更新（新民152）

抗弁記載例7（消滅時効）に対し

　原告は，被告に対し，令和9年1月16日，本件貸金債権を承認した。
　　注　旧民法における時効中断の制度は，改正法により，時効の更新と時効の完成猶予の二つに再構成された。また，旧民法における時効の停止の制度は，改正法により，時効の完成猶予に再構成された。
　　　時効の更新は，更新事由の発生によってそれまで進行していた時効

期間の経過が無意味となり，更新事由の終了した時から新たに時効の進行が始まるという制度である。権利の承認は，時効の更新事由であり，承認の時から新たに時効の進行が始まる（新民152）。

3-2 時効の完成猶予（新民151）

抗弁記載例 7（消滅時効）に対し
⑴ 原告と被告は，令和 9 年 1 月 16 日，本件貸金債権についての協議を行う旨の合意をした。
⑵ ⑴の合意は書面による。
　注 時効の完成猶予は，猶予事由が発生しても時効期間の進行自体は止まらないが，本来の時効期間が満了しても所定の時期を経過するまで時効が完成しないという制度である。新民法 151 条は，協議を行う旨の合意による時効の完成猶予の規定を新設したものである。

4 時効援用権の喪失

抗弁記載例 7（消滅時効）に対し
　被告は，原告に対し，令和 9 年 4 月 22 日，本件貸金の支払の猶予を申し入れた。
　注 債務者が消滅時効完成後に債権者に対し債務の存在を承認した場合には，時効完成の事実を知らなかったときでも，信義則上時効の援用権を喪失するとするのが判例（最判昭 41.4.20 民集 20.4.702〔29〕）である。

5 承諾

抗弁記載例 10（譲渡制限特約）に対し
　被告は，A に対し，令和 4 年 10 月 13 日，A から原告への債権譲渡を承諾するとの意思表示をした。
　注 改正法により，債務者は，譲受人に対して譲渡制限特約の抗弁を対抗

できるが（新民 466Ⅲ），その抗弁を放棄することができるから，この承諾は，譲渡制限特約の抗弁を放棄する意思表示であると解される。

6　承諾（新民 467Ⅰ）

抗弁記載例 11（債務者対抗要件）に対し
　被告は，原告に対し，令和 4 年 10 月 18 日，請求原因(2)の債権譲渡を承諾した。
注　この承諾の法的性質は，観念の通知である。

7　確定日付のある証書による通知（民 467Ⅱ）

抗弁記載例 12（第三者対抗要件）に対し
　Aは，被告に対し，令和 4 年 10 月 19 日，内容証明郵便によって，請求原因(2)の債権譲渡を通知した。

8　抗弁の放棄

抗弁記載例 14（代物弁済）に対し
　被告は，原告に対し，令和 4 年 10 月 18 日，抗弁(2)の合意による代物弁済の抗弁を放棄する旨の意思表示をした。
注　改正法により，旧民法 468 条 1 項の異議をとどめない承諾の制度は廃止され，抗弁の切断には，抗弁を放棄する旨の債務者の意思表示を要することとされた。

9　条件成就（民 127Ⅰ）

抗弁記載例 15（停止条件）に対し
　Aは，被告に対し，令和 3 年 6 月 30 日，別紙物件目録記載(3)，(4)の土地建物を明け渡した。

10 弁済の提供（新民 492，493）

抗弁記載例 16（債務不履行解除）に対し
　原告は，令和 3 年 3 月 26 日，本件売買代金 5000 万円を持参して埼玉県和光市南 2 丁目 3 番 8 号所在の被告方に赴き，被告に対しその受領を求めた。

11 履行の着手（新民 557 Ⅰ ただし書）

抗弁記載例 17（手付解除）に対し
　原告は，被告に対し，令和 3 年 1 月 20 日，本件売買代金の内金として 500 万円を支払った。
注　改正法により，相手方が履行に着手した場合には手付解除ができないこと，併せて，手付解除の効果を争う相手方において履行に着手した事実を主張立証しなければならないことが明文化された（新民 557 Ⅰ ただし書）。

12 一時使用目的（借地借家 25）

抗弁記載例 19（建物所有目的）に対し
⑴　原告は，被告との間で，本件賃貸借契約において，その期間を 3 年間に限るとの合意をした。
⑵　一時使用の評価根拠事実
　ア　……………………………
　イ　……………………………
注　一時使用の意義については，見解が分かれているが，この記載は，賃貸借契約を短期間に限って存続させるとの合意に加えて，借地借家法の適用を必要としない客観的合理的事情のあることを必要とする見解に基づく。

13 虚偽表示（民94 I）

抗弁記載例21（所有権喪失―代物弁済）に対し
　　原告とAは，本件代物弁済の際，いずれも代物弁済の合意をする意思がないのに，その意思があるもののように仮装することを合意した。

14 背信的悪意者

抗弁記載例22（対抗要件具備による所有権喪失－贈与）に対し
(1)　被告は，抗弁(1)の贈与の際，請求原因(2)の売買を知っていた。
(2)　背信性の評価根拠事実
　ア　…………………………
　イ　…………………………
　注　背信的悪意者の主張は，悪意と背信性が要件であり，背信性はいわゆる規範的要件である。

15 対抗要件具備（民178）

抗弁記載例23（対抗要件―売買）に対し
　　Aは，原告に対し，令和4年1月30日，請求原因(2)の売買契約に基づき，本件機械を引き渡した。

16 合意解除

抗弁記載例26（登記保持権原―抵当権）に対し
　　原告と被告は，令和4年3月23日，本件抵当権設定契約を解除するとの合意をした。

17 債務不履行解除（新民 541）

抗弁記載例 27（所有権喪失－売買）に対し

(1) 原告は，被告 Y_1 に対し，令和 3 年 2 月 12 日，本件売買契約に基づき，本件土地を引き渡し，かつ，本件土地につき所有権移転登記手続をした。

(2) 原告は，被告 Y_1 に対し，同年 3 月 20 日，本件売買代金のうち 500 万円の支払を催告するとともに，同月 28 日が経過したときは本件売買契約を解除するとの意思表示をした。

(3) 同月 28 日は経過した。

注 (2)，(3)は，一般に停止条件付解除の意思表示と呼ばれているもので，相当期間を定めて売買代金の催告をすると同時に，買主がその期間内に未払代金を支払わないときは売買契約を解除するとの意思表示をした場合の摘示である。この意思表示を合理的に解釈すると，「その期間が経過したときに解除する。」との一種の停止期限付解除の意思表示と解され，催告金額をその期間内に支払ったことは買主側において主張立証すべきである。実務においては，「買主が催告期間内に未払代金を支払わなかったときは売買契約を解除するとの意思表示をした。」と摘示する例が多いが，弁済を買主側で主張立証すべきとする点は同様である。

〔再々抗弁記載例〕

1 善意の第三者（民 94Ⅱ）

再抗弁記載例 13（虚偽表示）に対し
(1) Aは，被告に対し，令和 4 年 3 月 10 日，本件土地を代金 1100 万円
で売った。
(2) 被告は，上記売買契約の際，再抗弁の事実を知らなかった。
注 第三者の善意の主張立証責任は，第三者にある（最判昭 41.12.22 民集
20.10.2168〔103〕）。
　虚偽表示の善意の第三者の権利取得の法的構成については見解が分か
れているが，この記載例は，第三者である被告が本件土地の所有権を原
告から A を経て順次に承継取得するという見解に基づいて，善意の第
三者の主張を再々抗弁に位置づけたものである。第三者である被告が法
定の承継取得により原告から直接に本件土地の所有権を取得するという
見解によれば，この主張は，再々抗弁ではなく，上記の抗弁，再抗弁を
前提とする予備的抗弁に位置づけられる。判例がいずれの見解か明らか
ではないが，最判昭 42.10.31 民集 21.8.2232〔91〕は，後者の見解を前提
にするものと思われる。

2 強迫（民 96Ⅰ）

再抗弁記載例 16（合意解除）に対し
(1) 被告が本件合意解除に応じたのは，その際原告が暴力団員風の男
を同道し，もし被告がこれに応じなければ被告の身体に危害を加
えかねない気勢を示して被告を脅し，畏怖させたためである。
(2) 被告は，原告に対し，令和 4 年 5 月 20 日，解除の合意を取り消す
との意思表示をした。

10訂 民事判決起案の手引（補訂版）　　書籍番号　500202

昭和33年4月	初版発行
平成18年9月20日	10訂版第1刷発行
令和2年2月10日	10訂補訂版第1刷発行
令和2年12月10日	10訂補訂版第2刷発行

編　集　　司　法　研　修　所

発　行　人　　門　田　友　昌

発　行　所　　一般財団法人　法　曹　会

〒100-0013　東京都千代田区霞が関1-1-1
振替口座　00120-0-15670
電　話　03-3581-2146
http://www.hosokai.or.jp/

落丁・乱丁はお取替えいたします　　　印刷製本／（株）キタジマ

ISBN 978-4-86684-032-1